U0067710

數學公式裡的好野人

【資金管理】

凱利法則金剛經

數學公式裡的好野人

【資金管理】

凱利法則金剛經

感謝您購買旗標書，
記得到旗標網站
www.flag.com.tw
更多的加值內容等著您…

<請下載 QR Code App 來掃描>

● FB 官方粉絲專頁：旗標知識講堂

● 旗標「線上購買」專區：您不用出門就可選購旗標書！

● 如您對本書內容有不明瞭或建議改進之處，請連上
旗標網站，點選首頁的 聯絡我們 專區。

若需線上即時詢問問題，可點選旗標官方粉絲專頁
留言詢問，小編客服隨時待命，盡速回覆。

若是寄信聯絡旗標客服 email，我們收到您的訊息
後，將由專業客服人員為您解答。

我們所提供的售後服務範圍僅限於書籍本身或內
容表達不清楚的地方，至於軟硬體的問題，請直接
連絡廠商。

學生團體	訂購專線：(02)2396-3257 轉 362
	傳真專線：(02)2321-2545
經銷商	服務專線：(02)2396-3257 轉 331
	將派專人拜訪
	傳真專線：(02)2321-2545

國家圖書館出版品預行編目資料

數學公式裡的好野人：資金管理×凱利法則金剛經 /
吳牧恩, 謝明華 著. -- 初版. -- 臺北市：
旗標科技股份有限公司, 2024.04
面； 公分

ISBN 978-986-312-786-4 (軟精裝)

1.CST: 投資分析　2.CST: 資金管理

563.5　　　　　　　　　　　　113002480

作　　者／吳牧恩、謝明華

發 行 所／旗標科技股份有限公司

　　　　　台北市杭州南路一段15-1號19樓

電　　話／(02)2396-3257(代表號)

傳　　真／(02)2321-2545

劃撥帳號／1332727-9

帳　　戶／旗標科技股份有限公司

監　　督／陳彥發

執行企劃／楊世瑋

執行編輯／楊世瑋

美術編輯／林美麗

封面設計／林美麗、葉昀錡

校　　對／楊世瑋

新台幣售價：1200 元

西元 2024 年 4 月初版 2 刷

行政院新聞局核准登記-局版台業字第 4512 號

ISBN　978-986-312-786-4

推薦序

Recommendation

從理論出發，打造量化交易系統基石

張錫
國泰投信董事長

　　在現今快速變化的國際金融市場，量化交易已成為許多投資先進、法人、中實戶追求利潤極大化最主要的方式之一。伴隨著資訊技術進步和數據分析方法的發展，國際上幾家大型量化基金，在過去幾年也都取得了卓越的績效。在這樣的背景下，這本專注於最佳化資金管理，並考慮風險控管下與實務交易結合的新書：『**數學公式裡的好野人：資金管理 × 凱利法則金剛經**』，為台灣量化交易領域增添了重要的貢獻。

　　本書詳細解說資金管理的理論架構，並且探討如何將理論結合實務，應用於量化交易系統。不論是投資理財、還是投機買賣，本書皆為讀者提供一個全面框架去看待風險管控這件事，而這也是量化交易中最重要的關鍵因子。無論是對於尋求在市場中獲取穩定收益的專業投資者，還是希望了解量化交易、資金管理如何運作的學術研究者，甚至社會百工百業需要衡量各種利潤風險的決策者，這本書都提供了獨到的理論洞見與應用手法。

本書從最基本的原理出發，配合實例由淺至深解釋了交易部位管控的概念方法。**一個成功的量化交易策略需要有一套完善的資金和風險管理系統，而系統背後需要有嚴謹的數學模型和數據分析來支持**。本書以數學機率探討最佳博弈策略，從簡單的勝率、賠率、期望淨利、最佳比例、銅板賭局、骰子賭局、相對熵、槓桿空間模型，透過數學證明、程式模擬、資料回測，向讀者們展示完整的資金管理知識。

本書作者吳牧恩教授跟謝明華教授皆為數理資訊背景出身，又同時在金融業、新創業具有豐富的實務經驗。謝明華教授更是我多年好友，很高興看到兩位理論與實務兼備的學者出版新書。透過對基本觀念、學術理論、和實務經驗的探討，本書不僅對經驗豐富的量化交易員具有重要的參考價值，對於剛進入這一領域的新手，更是一份寶貴的學習資源。期待本書的出版，能讓普羅大眾受惠，相信對於科技新創、傳統金融業者也有莫大助益。

推薦序

量化交易與統計學交織的精彩世界

黃文瀚
清華大學統計學研究所所長

　　很高興看到牧恩和明華出版新書，也很榮幸為這本書寫推薦序。兩位教授是我多年好友，牧恩更是我清華優秀學弟，從認識他開始，就常聽他講述各種投資理財方法。我個人雖是統計專長但並無財金背景，每每聽牧恩論述其投資理論，總能感受其對學術研究，應用於實務的熱忱與衝勁。

　　本書的另一位作者謝明華教授，也是相當實務型的學者，在台灣金融界與保險業執行過多項產學合作計畫，明華過去也曾出版過統計學教科書，並具有統計相關碩士博士學位。就我對這兩位好朋友的瞭解，他們的組合彷彿是**梅洛（Merlot）**與**卡本內蘇維濃**（Cabernet Sauvignon）兩款優良葡萄品種的結合，混釀調配出完美的波爾多紅酒。**兩位教授的專業領域彼此互補，也因而促成了本書的出版，引領我們進入量化交易與統計學交織的精彩世界。**

　　本書書名為**數學公式裡的好野人：資金管理 × 凱利法則金剛經**，內容以資金管理的數學為主，書中大部分用機率統計的觀點去分析不同下注比例的風險利潤，搭配程式模擬、驗證與資料回測。本書從基礎的銅板賭局出發，介紹機率、賠率、期望值。接著探討資金管理最重要的定裡－**凱利法則**。**探討如何通過最佳化的投注比例，在有限的交易次數中控制風險，並最大化長期投資效益。**

由於本書的理論基礎以機率做為出發點，書中第四章節也特別探討「有限 finite」這個議題。大部分機率的前提，都是假設試驗可以重複無窮多次，但就現實面而言，「有限 finite」才是我們生活上所會遇到。所有投資的次數都是有限的，機會過了就不再，也不可能重複無限多次。機率統計可以歸納可能發生事件的趨勢與決策的建議，但要落實生活上，尤其是投資交易，不得不非常重視這個關鍵因素。

　　近年來資料數據科學興起，各行各業皆與數據分析、人工智慧 AI 有所關聯。而這背後的基礎無疑是統計科學。牧恩與明華這本資金管理大作，便是以機率統計為基礎，量化各種投資決策議題。很驕傲我兩位好朋友出版這本以敘述統計為基礎的量化交易書籍。也期待國內在一片追逐 AI 風潮的浪頭下，能更重視各類基礎科學。只有基礎科學扎根得好，才有更多本錢發展更高深關鍵的技術。這與書中所提到資金管理就是量化交易的基礎，觀念一致，不謀而合。

推薦序

正確的資金管理，讓決策不被人性左右

張智超
第十屆證券金彝獎得主
創富創投董事長

如果問投資朋友什麼是投資最重要的事？新手投資人會答「賺大錢」，老手投資人的答案是「懂停損」，但高手大神級的則會說「資金管理」。我在市場看過太多操盤人大起大落的案例，但最後能成為市場不敗神話的人並不多見，而這些所謂的投資傳奇，並不只是產業研究比人強，也不光是交易技術比對手好，更重要的是「**資金管理**」確實有一套。

我們都知道，在職場或政壇上常有所謂的換了屁股就換了腦袋（意味著在不同層級的位置，思考重心就會不同）的說法，在投資心理上亦然，當今天你（妳）投資持股比重只有 10%，任何股市拉回時，你（妳）心中是充滿「希望」的，反之，當你持股比重是 80% 時，心中的感覺是「擔心」，如果你更積極使用槓桿的話，此時的感覺是「恐懼」。而在此時股市任何風吹草動，可能就會引發在投資人心中小劇場演起內心戲，根據我的經驗，通常是先否認虧損，但對最後心中的恐懼達到臨界點導致不正確的交易行為，而我常說的，在交易市場致勝的關鍵在於「反情緒操作」，但要達成此境界，背後有賴於正確的「資金管理」。

台灣在股市交易的實務書籍，很少看到能把金融交易「資金管理」寫成完整系統的書籍，很高興能夠看到我心中的**台股傳奇教授－牧恩老師，能夠真正結合理論與實務並將心得與大家分享**，我非常羨慕他的學生，今天可拜讀他的大作，心中是十分興奮的，也期待牧恩老師能為台灣股市持續培養交易人才。

　　祝福大家能在此書中真正理解，所謂的交易聖盃，其實是在「資金管理」找到答案，我相信**「趨勢為友、情緒為敵」**＋**「資金管理」＝交易聖盃**。

自序
Preface

　　這本在講資金管理的書籍終於要出版了。從開始想寫這本書，到今年有機會出版，前後應該經歷 10 年的光景。其實不敢說是完成一本書，更精確地說，應該是過去「資金管理」課程的講義筆記。既然是筆記，就有不完備之處。10 年前，從原本規畫只有幾個章節，這幾年教學研究不敢懈怠，又陸續增添了許多想法。也特別感謝本書另一位作者：政大風保系－**謝明華教授**，其在保險與風險管理上的專業，彌補了本書原本規畫內容的不足。

　　完成本書的過程，也是我自己交易歷程的累積，甚至是交易心境的提升。2010 年第一次進入賭場，用馬丁格爾法 (martingale) 下注翻了五倍資金，從此開啟我對金融交易的興趣。在沒有風險意識的操作下，很快的 2011 年就遭遇了人生第一次破產，也才開始注意到「資金管理」這門學問。不管是從事主觀交易還是量化交易、喜歡當沖短線尋求刺激，還是穩扎穩打波段操作，不論是投資還是投機，或是最穩健的存股，都必須以資金管理作為最根本的理論基礎。

　　2011 年破產後再度回歸研究，因而接觸到**凱利法則**。這麼漂亮迷人的一個數學理論，怎麼以前就沒聽過？更讓我驚奇的是，這不是金融，這是數學，是資訊理論 (Information Theory) 的延伸應用，跟我唸博士班學習過的 Entropy 相關，我作夢都沒想到原來資訊理論的數學，竟然在量化交易的資金管理上有這麼大的發揮。一向以數理自豪的我，彷彿找到交易的聖盃，於是一頭栽入理論是否能夠完美應用於實務的研究，我也把這一路的研究心得融入這幾年的教學中，因而有本書的誕生。

我們都知道資產的累積，關鍵的因素的是靠複利。愛因斯坦也說複利是世界第八大奇蹟。其實凱利法則講的就是複利的最佳化。我必須要說，懂得凱利法則的複利最佳化，更能夠讓你人生富麗最大化。這裡的富麗當然不一定是指資金成長。凱利法則理論所衍伸的各種意念心境，也可帶我們迎向心靈上的富麗人生。

本書的章節安排由簡入深。從最基本的銅板賭局出發、進而討論到骰子賭局，Ralph Vince 提出的槓桿空間模型理論，運用空間換取時間的手法令人拍案叫絕，其威力展現在風險與報酬的平衡上，更是數學理論運用於交易實務上，淋漓盡致發揮的展現。這幾年我自己的交易也都有深刻的體會，**我們沒有無限長的人生時間，但我們有無窮大的機會空間**。人生處事上也是類似道理，唯有心胸放大了（空間），未來的路也才能無限寬廣（時間）。然而，心胸再大，平時難免還有諸多念頭，伴隨雜念影響決策。為什麼叫做凱利法則金剛經？金剛經強調「因無所住，而生其心」。心就是念頭，如何生其心，如何降伏其心？**金剛經就是管理「念頭」的書。而凱利法則便是管理各種不確定事件的理論依據，衡量風險與機會，做出最完美的決策。**

本書的完成，還要特別感謝我身邊許多「愛護我的重要人士」。我的家人、我的朋友、我的同事、還有我的學生們，謝謝你們平時對我的包容與鼓勵。這幾年在學術界教學研究的生活，我總是以凱利法則帶給我的人生啟發，像傳教士一樣進行「傳道」。我常說交易人生、人生交易，兩個道理都是相通的。凱利法則的最佳比例，為人處事的應對進退，過猶不及的中庸之道，都是在尋求一個適度拿捏，有限人生帶給我們的不可能有完美。本書的出版也只是一個暫時的里程紀錄，資金管理的學問，不會有研究結束的一天，只能不斷尋求精進。也因此，本書尚有許多不足之處，包含文字的錯誤與一些仍然無解的 Open Problem。若讀者閱讀過程有發現錯誤，還請不吝給予指正。

　　這本「講義筆記」，雖還不夠完美，但最重要的是本書已有的理念傳達，已達 10 年之久的陳年。讀者抓住這些核心概念，或可保你資產複利、人生富麗、知足無虞！**就讓我們開始享用這本資金管理、凱利法則金剛經，滿滿數學公式的「富麗饗宴」吧！**

自序
Preface

　　量化交易的濫觴從馬科維芝的現代投資組合理論開始。在簡易的隨機財務模型假設下，可利用數學求得最佳的單期投資策略。這個簡單概念，不但讓馬科維芝獲得諾貝爾經濟學獎，之後也催化整個資產管理產業的發展。而透過投資期間的延伸（無限期的投資），數學在簡易的隨機財務模型假設下，同樣可證明最佳化預期對數報酬就是最佳投資策略。

　　但真正的金融市場訊瞬息萬變，**穩健的交易策略不能只依靠固定的規則，而是需要有彈性的心法**。本書要提供的就是這樣的彈性心法。在有限人生的困境下，人生周期的「資金管理」是投資與量化交易的最重要課題，而資金管理包含所有時間點的交易策略。每個時間點的交易策略都是一個「動念」，而「動念」來自於心。金剛經說「過去心不可得，現在心不可得，未來心不可得。」不僅金融市場萬變，你的「動念」也是難以預料的。

　　本書以凱利法則當作基本心法，你可以隨時應用在任何市場情境。先讓自己保持一顆清淨之心，就算在最繁亂的市場狀態中。而在這個清淨之心上面，運用凱利法則和本書中的量化技巧，抓緊獲利，控管風險。這些量化技巧都是數學最佳化的應用，跟現在所有人工智慧模型使用的技術是相同的。

　　這樣的心法就是金剛經裡的解方：「應無所住而生其心」。

目錄

第1章　好野人序曲 – 過於真實的數學

第2章　銅板賭局

第3章 賭徒的聖盃 – 凱利法則

第4章 有限人生的無奈 – 賭徒的風險

第8章 腳踏 N 條船的時空轉換 - 槓桿空間模型

第9章 空間換時間 - 槓桿空間模型的威力

附錄A R 程式碼

第1章

好野人序曲—
過於真實的數學

　　所有進入金融市場的投資人，都想靠著交易在市場上獲利。眾人皆在尋找聖杯，事實上交易哪有聖杯？本書第一章開門見山地以「過於真實的數學」作為標題，是想先打破大眾對聖杯的迷思。**交易，就是機率與統計的遊戲，是鐵錚錚的數學。**

　　數學不會騙你，比真實還要真實。有時我更喜歡說：「交易，就是賭馬的遊戲」。本書從理論開始，探討交易法則的數學鐵律。在本書中，我們搭配程式模擬、或是歷史資料的回測 (back-testing)。根據理論推導並模擬實際情況下發生的可能結果，在金融商品上開發策略演算法，分析我們何時該買進、賣出、加碼、減碼、停損、停利。目的就是希望在波濤洶湧的金融市場上，獲取利益！

　　雖然在交易中並不存在所謂的聖杯，但至少這是一本，我認為的「交易聖經」。請注意！這邊指的並不是「策略」聖經，因為可能的交易策略有無限多種，不會有完美無缺的單一交易策略，但會有接近完美無缺的管理方法，交易眾多策略。**策略是死的，如何管理策略，衡量風險與利潤的制衡之術，那才是活的，也唯有好的策略管理方式，才有辦法在這個市場生存，那才叫做「交易」。**本書的重點正如其名 ─ **數學公式裡的好野人：資金管理 ✕ 凱利法則金剛經**，主要探討「資金管理」的各項議題，從理論到模擬，最後應用到實際的交易當中。

　　本書的知識內容，都是有所本的從數理邏輯出發。數學為科學之母，我認為交易的知識，也是科學的一部份，也是邏輯，或稱作「量化交易」。有人會把其歸類為社會科學，甚至藝術，我不反對，因為實際交易的成敗往往跟行為經濟、心理學、人性的恐懼與貪婪有極大的關聯。但對一個理工人來說，交易就是機率與統計的數學，交易就是賭馬的遊戲。

事實上機率的起源也來自於博弈，由著名的法國數學家**帕斯卡 (Pascal) 和費馬 (Fermat)**，在 17 世紀的宮廷遊戲擲骰子中開始討論與發展 (可參考維基百科搜尋「機率的起源」)。若真要尋找一個交易的祖師爺，個人認為也應該是偉大的數學家帕斯卡 (Pascal) 或是費馬 (Fermat)。

這本書跟傳統的財金書籍不一樣。書裡沒有明牌，沒有主觀的技術分析，全都是數理邏輯、模擬方法、數據回測。也就是說，除了精確的理論推導，我們也拿實際資料做驗證，**一切統計說話、數據說話！**換句話說，沒有主觀模糊的判斷，一切量化分析為主，根據結論來做出決策。

1.1 過去嘴上股神，現在資料科學說話

　　隨著資通訊設備與軟體演算法的進步，電腦計算能力越來越強，搭配各類數據量的大幅增長，21 世紀就是數據科學的時代，也因此讓機器學習、類神經網路、AI 人工智慧…等技術有實現的可能。金融市場也不例外，大眾不僅容易取得金融資料，包括交易數據，再根據這些數據進行回測，開發交易演算法，進而利用電腦程式自動買賣，這在現今都是相當容易的事。

　　究竟巨量資料時代的來臨，金融交易是否也跟著產生巨大改變？過去嘴上股神，投顧老師說了算。**現今資料科學，數據會說話**。常看到第四台投顧老師，在電視上將各種股票分析講得口沫橫飛。K 線型態、價量關係、財務報表…等。這些無非是想要準確預測明天走勢。股票未來是漲是跌，雖然只有兩種可能，但卻沒人能夠 100% 保證。

　　而交易的目的就是獲利！投資人除了關心每次輸贏外，賺賠多少也是關鍵。就一個資料科學家而言，即使運用了各種先進的技術，我們還是不可能百分百準確地預測明天股市漲跌，但我們可以根據歷史資料，讓數據說話，計算統計出一個股市漲跌的機率分佈。

　　讓我們以 K 棒的技術分析舉例說明。若出現**長紅棒**，代表多頭氣勢如紅，收盤價遠大於開盤價，因此預期未來行情會繼續漲；反之**長黑棒**是收盤價遠低於開盤價，預期未來行情會繼續跌。這是大部分學習技術分析的股市專家會有的基本認知，然而真是如此嗎？讓我們來看看實際回測歷史數據，如下圖所示。

> **Tip** 在此我們定義：
>
> - **長紅棒**為收盤價高於開盤價 1.5% 以上。
> - **長黑棒**為收盤價小於開盤價 1.5% 以上。

圖 1.1　三日後的漲跌分佈

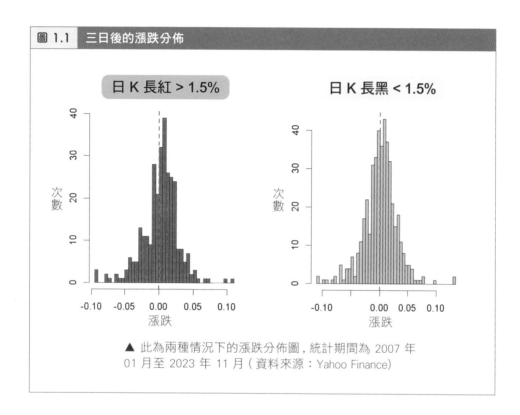

▲ 此為兩種情況下的漲跌分佈圖，統計期間為 2007 年 01 月至 2023 年 11 月（資料來源：Yahoo Finance）

　　左圖為長紅棒出現，3 天後的漲跌機率分佈；同理，右圖為長黑棒出現後，3 天後的漲跌機率分佈。根據近 17 年來的台灣加權指數的資料，在長紅棒出現後，3 天後收盤價的上漲機率為 54.63%，**漲幅平均值為 0.04%**；而在長黑棒出現後，3 天後收盤價的下跌機率為 44.65%。換句話說，漲的機率還是略高，**且漲幅平均值為 0.215%。整體來說，甚至比長紅棒出現後的平均漲幅還高！**

　　由此看來，台股從 2007 年 01 月至 2023 年 11 月，歷經過空頭市場與多頭市場，似乎單純的紅 K 棒或黑 K 棒不具有指標意義。更精確地說，無法反映未來 3 日行情。因為不論長紅 K 或是長黑 K，統計的平均就是約 55% 左右的機率會漲。有趣的是，這樣的統計結果，漲跌幅的期望值與 0 相當接近，且都略大於 0，**與一般認知長紅棒與長黑棒的 K 線型態所傳達的「預測」並不相同。**

　　上面例子道出運用資料分析的結果，在金融交易上的「真實性」。事實上大部分的估計預測，都可以透過數據分析的方式，讓資料說話。然而，只要讓資料說出「事實」，金融交易就萬無一失嗎？若是如此你就太小看這個邪惡的市場了，多少英雄好漢正是死在這樣的觀念下。即使運用各種厲害的方法，例如統計、機器學習、AI 類神經網路，給出各種準確的預測，依然不一定能把金融交易做好。

　　一次性的準確預測，不代表長期都是穩定的準確預測。但卻有許多人因為一次性的成功，天真的以為自己未來都能夠預測正確，這本來就是人性，所以說交易的成敗跟行為心理有相當的關連。而金融市場最不缺的就是各種神話與大師，許多的民間股神或是投顧老師，只要看對一次行情就造神成功，看錯了可能選擇性忘記，反正時間會沖淡一切。

　　真正的關鍵，要在金融市場做好交易，除了準確地預估各種事件的機率外，更重的是根據預估的結果，做出相對應的動作，包括買進、賣出、加碼、減碼、停利、停損，這些動作都跟部位大小有關，也還要搭配各種資金管理方法來調整。這都是資金管理的數學研究，可以用最佳化方式控制好風險、最大化利潤，達到穩定的成長。這也才是做好金融交易正確的方法。簡單來說，在真實的金融市場，即使數據會說話，以現在資訊方便的程度，任何策略或指標都可立即回測知道結果，當然也可馬上計算出想要預測事件的機率。接下來，就讓我們來聊聊大部分投資人最在意的一個指標 ─「勝率」。

1.2 | 理論結合實務才是王道

　　最在意勝率這件事的確符合人性，畢竟大家都想要追求高勝率的交易策略，最好的情況當然是天天賺，不會賠。可惜金融市場越符合人性的事，就越不是好事。一個真正會賺錢的策略，往往勝率低於 50%，甚至不到 40%。也就是輸多贏少。這是因為**好的策略其特徵往往是多次的小賠與少次的小賺，再加上幾次極少數的大賺**。通常來說，一般人都難以接受這種低勝率的結果，但長期下來卻反而能夠穩定獲利創績效新高。

　　單一策略低勝率這件事，對大部分的資料科學家可能難以接受。他們用盡各種高深技巧，在市場上收集完整資料，運用訊號分析、機器學習、深度學習…等高深技術，無非就是想要追求高勝率的策略。可惜賺錢真的不容易，策略高勝率低賠率的結果，期望獲利可能還是負值。但也別灰心，這不是資料科學出了問題，這是資金管理還沒用上。而本書，重點便是在介紹資金管理的數學，從理論出發，到實務驗證。千萬別小看這門學問，即使天才如 LTCM 團隊，這麼能夠做最厲害的預測，但資金管理不好，也是陣亡在這個議題之下。

LTCM (Long-Term Capital Management, 長期資本管理公司)

LTCM 是由約翰‧馬利威瑟（John Meriwether）於 1994 年創辦，公司的主要成員包含了 1997 年的諾貝爾經濟學獎得主羅伯特‧莫頓（Robert Merton）和麥倫‧休斯（Myron Scholes）。LTCM 專門從事基於數學模型的高槓桿套利交易。公司於 1996 年到達顛峰，年報酬率高達 41%。於此同時，公司的資本額只有不到 50 億美元，但資金規模到達 1,400 多億美元（大部分由銀行爭相融資提供），財務槓桿高達近 30 倍。

接下頁

在 1998 年，各國之間存在利率交換的利差，LTCM 認為利差會收斂，存在套利空間，便建立部位進行交易，但事與願違，各國利差仍不斷擴大，這也導致 LTCM 遭受鉅額虧損。不當的資金管理和過高的風險暴露，成為 LTCM 崩潰的導火線。

　　資料科學用在金融交易的真正優勢是，將資金妥善運用於多商品、多市場、多策略，進行彼此之間的關聯統計分析，包含策略是否互補、損益相關係數、甚至發展高頻套利等。然而，不論資訊科技發展的再進步，資料分析多詳盡，實際交易最重要的還是風險管理，這可是鐵錚錚的數學定理，千古不變。舉例來說，如何將資金使用最佳化，為何 8 成以上的投資者都賠錢？為何你該賭小一點？讓我們看以下例子。

　　假設現在有一個穩定的交易策略，分別會進出場 3 次，每次交易的報酬損益為 {2，2，-1}。其中的數字代表每次交易的報酬倍數，也就是賺 2 倍、賺 2 倍、賠 1 倍（賠光）。如果你目前可動用的資金為 100 萬元，讓我們來看看下面兩種不同的資金分配方法 A 跟 B。

A 資金管理方法：採用所有資金 100% 全押的方式

- 第一次賺兩倍，100 萬變成 300 萬。

- 第二次又賺兩倍，300 萬變成 900 萬。

- 可惜的是最後一次輸了 100%，900 萬全押後輸光了。

B 資金管理方法：只押當下現有資金的 50%

- 第一次下注 50 萬，淨賺 100 萬，現有資金變為 200 萬
  (100 + 50 × 2)。

- 第二次下注 100 萬，淨賺 200 萬，現有資金變為 400 萬
  (200 + 100 × 2)。

- 第三次下注 200 萬，虧損 200 萬，現有資金變為 200 萬
  (400 - 200)。

在這兩種方法下，如果跟初始資金 100 萬比較，方法 A 最後賠光出場；但方法 B 反倒賺了 1 倍。

從上面的例子可以發現，在同一組策略底下，不同的資金管理方式，會帶來完全不同的結果。你也可以發現，策略的損益似乎不是那麼關鍵，更重要的是部位大小的管理。交易獲利的關鍵在於：**獲利的時候儘量大賺，賠錢的時候小賠**。這句話看似簡單，真能理解的話，價值千金。

我很喜歡看金庸小說，我常常說，個人認為金庸小說裡面最厲害的功夫應該是降龍十八掌。但丐幫歷代幫主應該都會打降龍十八掌，為何偏偏蕭峰打得最出名？ 關鍵在於**內功修為**！

想想看，如果今天有兩位幫主都會降龍十八掌，但第一位可以在 1 秒鐘內打完十八掌 10 成的功力，另一位卻要花 10 秒鐘才能將十八掌打完？請問誰會勝出？可以在 1 秒內打完 10 成功力的內功修為必定高於要花 10 秒打完的內功修為。而資金管理便是交易的內功修為，降龍十八掌只是交易策略的招式。**好的資金管理方法，不管遇上好的策略或是壞的策略，都能夠持盈保泰、去蕪存菁，也唯有如此才能發揮長期穩定獲利的效果！**

1.3 | 本書架構介紹

　　以下是本書的章節介紹。本書分為九個章節，第一章為前言，介紹本書資金管理與一般金融書籍不同之處。在第二章中，會從最基本的銅板賭局開始介紹，銅板賭局可視為**伯努利試驗 (Bernoulli trial)**，也是我們介紹並定義勝率、賠率、和期望值的起點。在這一章中，**我們會揭開大眾對於期望值常見的誤解**。第三章介紹了資金管理最重要的公式 -- **凱利法則 (Kelly criterion)**，除了公式推導、程式模擬之外，我們會一併討論凱利公式所衍伸的各種意涵、不同輸贏賠率所帶來的影響、下注比例與勝率的關係，以及槓桿的使用。

　　然而，第二、三章討論的銅板賭局是下注比例的最佳化，並不一定適用於現實環境中。**在真實賭局裡，最佳化的使用必須考量到有限次的下注**。因此，第四章我們開始討論有限次數的銅板賭局。在有限次的設定下，原本的最佳下注比例就不一定再是最佳，甚至可能變得風險過大，這也是凱利法則常讓大眾誤解的地方。我們在第四章也討論有限次賭局下的各種績效度量，包刮損益分佈、初始回檔、最大回檔…等度量策略的指標。

　　第五章開始我們討論**獲利量化**。最佳下注比例是根據勝率與賠率所決定，然而勝率是預估的，真實輸贏的結果只有在一連串的賭局結束後才會知道。那用最佳下注比例，最後能獲利多少？我們發現玩家根據勝率計算的最佳下注比例，和實際賭局輸贏比例所決定的最佳下注比例，**彼此之間的相對熵差異可表示成實際的對數資金成長**。這個結果相當有趣，證明了對量化交易而言，我們只需把心力放在對輸贏損益分佈的預估即可，而買進賣出訊號的探勘，也是為了可以有準確的損益分佈預估。

　　第六章我們將前面銅板賭局的結果更加延伸，從一輸一贏的銅板賭局延伸為**多重損益下的賭局**，本書稱之為骰子賭局。此計算結果更適合用於金融交易策略具有不同損益變化的情境。在第七章裡，我們討論骰子賭局是否有跟銅板賭局一樣的獲利量化表示，亦可用相對熵的方式呈現，最後並且介紹賽馬賭局，**最佳化的下注方式是賭你的信念**（Bidding your be-lief）。

　　第八章會介紹 Ralph Vince 提出的槓桿空間模型（Leverage space model）。也就是考慮同時下注多場賭局，可能是銅板賭局或是骰子賭局。在槓桿空間模型的效益下，下注比例的調整，如何在風險與報酬之間取得更有效率的平衡。而更深入的報酬、風險、同時玩的局數、下注的回合次數之間的關係，我們會在第九章進行討論。在這兩章中，我們可以看到並證明「腳踏多條船」的美妙之處。**在有限的時間下，要發揮最大效益唯有靠無限的空間。時間複利轉化為空間複利，巧妙的時空轉換運用。**

　　本書探討資金管理的理論與實務。不管是金融交易、或是賭場博弈。都是考量勝率、賠率（賺賠比）、期望值，與投入資金（資源）大小分配的問題。**生活中充滿不確定性，任何一個抉擇都是賭局。**本書從最簡單的銅板賭局、期望值、最佳比例、骰子賭局、相對熵、槓桿空間模型，一系列的理論、模擬、都在探討以機率角度出發的博弈議題。量化交易首重資金管理，生活中的各個議題、政策、行為的決定，也都是在做利潤與風險的權衡考量。

　　希望本書的規劃不僅在量化交易上能帶給讀者啟發，在人生抉擇上，有更多幫助。

MEMO

第2章

銅板賭局

『如果你連簡單的銅板賭局都不會，憑什麼能在更複雜的金融交易上獲利？』

這是我在資金管理課堂上常分享的一句話，看起來像是玩笑話，但確實有其邏輯。**將賭局與交易對比，賭局要分析起來較為簡單，因為有固定的勝率與賠率（賺賠比）；而金融交易往往勝率和賠率都是未知或未定。**如果你連「簡單的賭局」都不會，憑什麼在「更難的金融交易」上成功？所有的事情都是由簡入難，就像牛頓因為蘋果落地的現象中推導出萬有引力定律。**交易人生；人生交易，**很多事情都是相通的，至少學習的過程也是一步一步由簡入深，沒有捷徑，只有過程的路徑，一點一滴累積。

所以在本章中，我們會從最基本的**賭局勝率**開始，逐步介紹賭局的**賠率**與**期望值**，作為後續探討複雜金融交易的基石。

▌銅板賭局

一枚銅板有正反兩面，正面為人頭、反面則為數字，各有 50% 的出現機率。假設人頭出現為贏，數字出現為輸。如果贏（人頭出現），下注金額可翻兩倍；如果輸（數字出現），下注金額賠光。

舉例來說，下注 50 元，若是人頭出現，則拿回 150 元，包含淨賺 100 元與原本的下注本金 50 元。但是如果輸了（數字出現），就會賠光下注的本金 50 元。**此賭局的賠率為 2，**因為此賭局贏了可翻下注資金的 2 倍，輸了會把下注資金都賠光。

上面的賭局相當簡單，但千萬別小看這國小就能懂的賭局！接下來，我們會用這個簡單的賭局來介紹**勝率、賠率、與期望值**。

2.1 賭局勝率與二項式分佈

機率是國中就學過的概念，但在現實生活中，機率還是相當抽象的東西。數學因為追求嚴謹，當然有用符號明確定義「機率的概念」。為了更好地理解，讓我們試著以**賭局**來進行說明。

如同先前所述的銅板賭局，人頭出現的機率（勝率）為 50%。這代表在丟銅板的過程中，如果「一樣的情況」可以重複玩多次，那**大約**會有一半的次數是贏；一半的次數是輸。但是請注意，在真實世界中，獲勝次數不一定剛好就是一半，而是玩的次數越多，贏的比例會越接近 50%，這便是所謂的**大數法則**。

上述的「大約」是個很模糊的說法，意思是說具有不確定性，沒人敢保證。讓我們敘述的更具體點。勝率 50% 的銅板賭局玩 100 次，可能大部份人會覺得應該是 50 次贏、50 次輸。但事實上，也有可能是 49 次贏、51 次輸，或是 55 次贏、45 次輸。甚至極端一點，也有可能 90 次贏、10 次輸，或是 100 次全勝的狀況發生。這些各種可能的情形，會隨著**二項式分佈** (binomial distribution) 而定。

舉例來說，勝率 50% 的銅板賭局玩 100 次，贏 55 次的機率為：

$$C_{55}^{100} \times \left(50\%\right)^{55} \times \left(50\%\right)^{45} \approx 4.85\%$$

上面計算公式的 C_{55}^{100} 是說，玩 100 次相當於有 100 個位置，其中有 55 個位置是贏，45 個位置是輸，所以可能的排列有 $\dfrac{100!}{55! \times 45!} = C_{55}^{100}$ 種。因為贏的機率是 50%，一共贏 55 次；輸的機率也是 50%，一共輸 45 次。所以每一種排列發生的機率是 $\left(50\%\right)^{55} \times \left(50\%\right)^{45}$。將可能的排列次數 C_{55}^{100} 與每一種排列發生的機率 $\left(50\%\right)^{55} \times \left(50\%\right)^{45}$ 相乘起來，便是二項式分佈所呈現的機率。

依此類推，勝率 50% 的賭局玩 100 次，贏 30 次的機率為：

$$C_{30}^{100} \times \left(50\%\right)^{30} \times \left(50\%\right)^{70} \approx 0.002317\%$$

如果賭局的勝率改成 60%；輸的機率則為 40%。玩 100 次，贏 55 次、輸 45 次的機率會變成：

$$C_{55}^{100} \times \left(60\%\right)^{55} \times \left(40\%\right)^{45} \approx 4.78\%$$

總結來說，勝率為 p 的賭局玩 T 次，則 t 次為贏、$T-t$ 次為輸的機率為：

$$C_{t}^{T} \times p^{t} \times \left(1-p\right)^{T-t}$$

我們也可來看極端狀況。若上述勝率 50% 的賭局玩 100 次，有沒有可能只贏 1 次、輸 99 次？當然有可能，但機率非常非常小，只有：

$$C_{1}^{100} \times \left(50\%\right)^{1} \times \left(50\%\right)^{99} \approx 7.889 \times 10^{-29}$$

從二項式分佈可以得知，任何賭局在給定勝率與次數的狀況下，贏幾次的機率都可以計算出來。這樣一來，我們就可以計算在任意賭局下，各種結果會發生的機率，這在交易策略上的資金管理尤其重要。換句話說，根據交易策略的可能損益，再給定交易次數的狀況下，就能估計這些損益相對應發生的機率。理論上，便可規劃這一筆交易適合的資金比例。在下一節中，讓我們來探討機率背後所代表的意義。

2.2　伯努利的天長地久 還是有限人生的曾經擁有？

　　上一小節提到的勝率，是指在大數法則下，贏的比例會趨近的數值。那到底要玩多少次才是所謂的**大數**呢？這在機率論中，當然有相關的理論研究。若用數學定義，玩的次數必須是趨近無限大。然而，**人生是有限的，任何賭局可以玩的次數也是有限的，我們當然不可能玩無限多次。就像人生不可能天長地久，任何人生都必定只是有限的曾經擁有。**因此，我們來看實務上馬上會遇到的問題：『玩有限次賭局的機率意義？』

　　在現實生活裡，我們即使知道賭局的勝率是有利的（高勝率），但因為不能玩無限多次，實現所謂的高勝率，這就是玩家會面對的風險。**不論是金融交易或是一般賭局，任何無法掌握的事情，都是風險。**舉例來說，假設有一場賭局的勝率是 99%，我們還是無法百分百確定下次一定會贏。注意到，只要勝率不是 0% 或是 100%，那賭局就是有「不確定性」，那就是風險。

　　從這個角度看，機率似乎是個假議題。即使知道賭局的勝率，我們對未來依然無法百分百掌握。對賭局下一次事件的預測，還是只能用猜的，只是「機率相對高或相對低」的時候，猜得比較有信心；「機率分佈平均」的時候，猜得比較沒把握而已。在交易策略上，我們通常說的「勝率」，更正確的說法應該是：「過去已經發生過的輸贏事件中，所統計出的**贏的比例**而已」。換句話說，這些都是過去式，是已經發生的事實、統計後的結果。而我們只是拿過去事件的贏的比例，當作未來勝率的預估，但**不能代表未來確實也是這樣的輸贏比例。**

那你說機率沒用嗎？並非如此。大部分賭局、交易策略的研究，都是機率的研究。我們期待的是什麼？我們期待「未來事件贏的比例」，俗稱勝率，會「接近」過去過往贏的比例。若是如此，我們便可判斷哪些策略，具有較大的贏面，或是真的有利可圖。

如前所述，機率的展現必須依賴大數法則。在本章中，我們從銅板賭局開始探討，事實上數學家早已研究過簡單的銅板賭局，稱之為**柏努利試驗** (Bernoulli trial)，這裡我們介紹伯努利大數法則，又稱為**弱大數法則** (weak law of large numbers)。

▌伯努利大數法則

在 T 次獨立重複試驗中，事件 X 發生的次數為 N_T，事件 X 在每次試驗中發生的母體機率為 p。則伯努利大數法則敘述如下：對於所有 $\varepsilon > 0$，必存在一夠大的正整數 N_ε，使得當 $T > N_\varepsilon$ 時，我們有 $\left| \dfrac{N_T}{T} - p \right| < \varepsilon$。換句話說，可以改寫成另一種表示法：

$$\lim_{T \to \infty} \text{Prob.} \left\{ \left| \frac{N_T}{T} - p \right| < \varepsilon \right\} = 1$$

> **Tip** ε 代表一個非常小的正數。當試驗次數 T 非常大時，事件 X 發生的頻率與其真實機率之間的差距會小於 ε。簡單來說，能夠幫助我們理解**當試驗次數越來越多時，發生次數逼近真實機率的狀況**。

所謂的大數法則，是說 T 要夠大。如果 T 不夠大，就無法保證 $\left| \dfrac{N_T}{T} - p \right| < \varepsilon$。

以勝率 50% 的銅板賭局為例，若我們取 $\varepsilon \quad \dfrac{1}{100}$。分析如下：

● **狀況 1：當 $T = 1$ 時**

N_1 只有可能為 0 或 1，所以 $\left|\dfrac{N_1}{1} - \dfrac{1}{2}\right|$ 必定等於 $\dfrac{1}{2}$。

因此 $\mathrm{Prob.}\left\{\left|\dfrac{N_1}{1} - \dfrac{1}{2}\right| < \dfrac{1}{100}\right\} = 0$，不可能為 1。

● **狀況 2：當 $T = 2$ 時**

N_2 可能為 0、1、2。

當 $N_2 = 1$ 時，$\left|\dfrac{N_2}{2} - \dfrac{1}{2}\right| = 0$；當 $N_2 = 0$ 或 $N_2 = 1$ 時，$\left|\dfrac{N_2}{2} - \dfrac{1}{2}\right| = \dfrac{1}{2}$。

因此，若只玩 2 次，有 $\dfrac{1}{3}$ 的機率是 $\mathrm{Prob.}\left\{\left|\dfrac{N_2}{2} - \dfrac{1}{2}\right| < \dfrac{1}{100}\right\} = 1$。

可以觀察到，當 T 由 1 變為 2 時，滿足伯努力法則的機率已經從 0 成長到 $\dfrac{1}{3}$ 了。事實上，伯努利大數法則可經由**柴比雪夫許夫不等式** (Chebyshev's Inequality) 證明。有興趣的讀者可參考相關機率書籍，我們在此就不贅述了。

依此類推下去，根據二項式定理，對任意正數所有 $\varepsilon > 0$，伯努利大數法則表明：

賭局勝率為 p，玩 T 次，大家直覺上都認為，會贏 $T \times p$ 次。然而，若假設 X_T 代表玩 T 次贏的次數的隨機變數，我們用二項式定理計算可知，玩 T 次要贏 $T \times p$ 次的機率為：

$$\mathrm{Prob.}\left(X_T = T \times p\right) = C_{t = T \times P}^{T} \times p^t \times \left(1 - p\right)^{T-t}$$

簡單來說，以 $T = 10$、$p = 50\%$ 為例，要確實剛好贏 5 次的機率為：

$$C_5^{10} \times \left(50\%\right)^5 \times \left(50\%\right)^5 \approx 24.6\%$$

有發現嗎？你覺得最有可能發生的事情，其實也大約才四分之一的機率而已。也很有可能發生剛好贏 6 次，機率約為 20.5%；或是剛好贏 4 次，機率也約為 20.5%。而若同時可慮這三者（贏 4 次、贏 5 次、贏 6 次），發生的機率一共占了約 65.6%。換句話說，也就是有 34.4% 的機率，會很意外的贏 7 次以上；或是輸 7 次以上。65.6% 的機率說大不大、34.4% 的機率說小也不小，**這便是二項式分佈在有限次數限制下，主導的真實世界**。

在賭局裡大家都重視機率（勝率），大家都希望天天過年，把把下注獲利。然而，**勝率卻是個虛無飄渺的東西，勝率若是正確，則需要時間 ($T \to \infty$) 去加持才能驗證**。根據柏努力大數法則告訴我們，T 要夠大。T 若不夠大，就有很大的不確定性。何謂不確定性？你無法掌握、無法保證的事情，發生或不發生就是不確定性。就算勝率是 99%，你還是無法「保證」下一把一定會贏錢。然而，賭局好玩之處便在於這個不確定性，但賭局也有一樣是確定的，那就是**賠率**。

2.3 虛無飄渺的勝率與天平另一端的賠率 (odds)

前一小節我們提及的勝率，有種虛無飄渺的感覺。即使勝率是固定的，因為現實中只能玩有限次，實際的輸贏比例可能就跟賭客自以為的勝率不一樣。在本書裡，我們通常用符號 p 代表勝率。與勝率相伴的則是**賠率（odds）**，就中文字面意思解讀，會讓很多人誤解為是「賠的機率 (1-勝率)」。但事實上不是如此，**賠率代表一旦贏的時候，淨賺的下注資金倍數。簡單來說，賠率就是賭局的規則。既然是規則，那就沒有隨機性，是明確定義敘述出來的**。在本書裡，我們會以符號 b 代表賠率。

讓我們舉個例子來說明。若現在有一場賭局，下注 20 元，贏錢的時候將可淨賺 40 （＝2×20）元，所以拿回 60 元 (含自己原先的 20 元)；反之，若輸錢的時候，下注資金的 20 元將全部輸給莊家。這就是賠率 $b = 2$ 的賭局。

勝率與賠率，不管在傳統賭局，或是金融交易裡，都像是在天平的兩端，像翹翹板一樣，不可能兩端同時高。一端高，另一端就低。試想一下，若有一場賭局，是高勝率，也是高賠率，那大家肯定都玩這場賭局，畢竟贏的機會大 (勝率高)，贏的時候也賺得多 (賠率大)，對玩家來說完全沒有壞處。但不會有莊家提供這樣的賭局，因為玩家的優勢，就是莊家的劣勢。大部分的賭局，不是高勝率搭配低賠率，就是低勝率搭配高賠率；或是中規中矩的勝率 (約 $p = 50\%$)，搭配中規中矩的賠率 (約 $b = 1$)。

賭場莊家，訂定遊戲規則，控制的通常是賠率。畢竟機率具有不確定性，也不容易控制。讓我們回到擲銅板的賭局，大家都認為人頭數字機率出現各為 50%，誰又能保證每一面出現機率真的是 50% 呢？畢竟人頭數字兩面的刻畫深淺不一樣，從物理學的角度微觀，確實人頭與數字出現的機率不應該一樣。

　　儘管勝率和賠率都同樣重要，但不管是交易還是博弈，**許多人往往只追求「高勝率」，卻忽略了「賠率」這項重要的規則**。這很合乎人性，人性渴望知道明天會是漲還是會跌，但比較少人問：「明天會漲多少，或是會跌多少？」。會漲會跌，那是機率問題；會漲多少會跌多少，那就是賠率問題了！對大部分賭局來說，賠率大的勝率通常小，因此正常人更不會喜歡去研究勝率小的賭局或是交易，畢竟沒有人喜歡失敗（賠錢）的感覺，哪怕只是小賠。

　　個人認為，**在許多交易策略的設計上，觀察賠率的重要性，絕對遠高於勝率的重要性**。一般來說，大部分長久穩定的交易策略，其損益幾乎都是「小賺」、「小賠」、「大賺」這三種樣貌。請注意，穩定的交易策略通常不會出現「大賠」的情況。換句話說，也因為小賺、小賠、大賺的策略，其整體勝率必定低，至少低於 50%，因此較不受投資者青睞。但是從長期來說，這種策略卻可能帶來更好的結果，甚至達到更穩定的累計損益曲線。

　　而一個交易策略，若想呈現小賺、小賠、大賺的損益型態，**必定需要嚴格控制好停損**，尤其是「小部位停損」。但小部位停損也意味著一天到晚都在停損，有任何風吹草動就停損，這會造就低勝率的產生；相反過來，若是常常停利，小部位停利，但賠錢不一定停損，甚至繼續加碼攤平，這會造成高勝率的效果，但損益型態必定為小賺、小賠、大賠。經驗中策略的損益只要有大賠，那怕是零星幾次，那長期下來一定不利。

2.4 有利可圖的迷思，期望淨利越大越好嗎？

有了勝率與賠率，便可定義賭局的期望值，嚴格的說應該是**期望淨利**。假設有場賭局勝率為 p，賠率為 b。為了簡化計算，我們假設 1 個單位為 1 元，則此賭局下注 1 元的期望淨利為：

$$p \times b + (1 - p) \times (-1)$$

上述式子意義相當直觀。簡單來說，若賭 1 元，有 p 的機率會賺 b 元；有 $1-p$ 的機率會賠 1 元，賺錢和賠錢都有可能。因此，將「可能獲利的金額」與「可能損失的金額」乘上各自對應的機率，然後相加，最後得到的結果就是「期望淨利」。上述公式也可化簡為下面式子：

$$p \times (1 + b) - 1$$

意思是說，賭 1 元，有 p 的機率會贏，贏的話可拿回 $(1 + b)$ 元，資金從 1 元變為 $(1 + b)$ 元。因為要算期望淨利，故再扣掉原先的交易成本 1 元，就是 $p \times (1 + b) -1$。

這個公式，可以說是判斷投資決策是否有利可圖最基本的依據。若期望淨利是正的，我們會說此賭局**有利可圖 (profitable)**；反之，若期望淨利是負的，我們會說此賭局**無利可圖 (non-profitable)**。對任何一場賭局來說，期望淨利的值相當關鍵。著名的**凱利公式**，就是這個期望淨利再除上賠率 b，我們會在第 3 章詳細討論。

期望淨利為正代表有利可圖，從數學的意義來說，每賭 1 元，「理論上」可以賺到正報酬；期望淨利為負代表無利可圖，「理論上」每賭 1 元都會虧損。然而，事實上不一定是這樣。我們都知道，就算是有利可圖的賭局，也是有人賺錢、有人賠錢，只是大量賭客長期統計下來，肯定是賠錢的；相反的，就算無利可圖的賭局，也不一定總是賠錢收場。例如賭場裡的賭局皆是無利可圖，但依然有許多賭客前往。

在有限次的賭局裡，任何結果都有可能發生，只要機率不是 100% 或 0%，就是有不確定性。就像銅板人頭數字機率各 50%，丟 10 次還是有可能出現 7 次人頭 3 次數字，甚至 10 次人頭 0 次數字，這取決於二項式分佈所計算的機率。值得注意的是，當我們用機率去描述一個事件發生的可能性，卻無法從「一次的結果」去證明此機率是否正確。因為一旦結果揭曉，事件發生或不發生，這就是確定的事實、變成過去式，不會再重複了。

舉例來說，假設氣象預報明天下雨機率 70%，結果明天出太陽，你能說氣象報告不準嗎？應該不太能這麼說！可能只是剛好氣象局這次預測失準而已。更嚴格的說，我們甚至不能說氣象局預測失準，因為本來就有 30% 的機率不會下雨，只是剛好遇到而已。根據伯努利大數法則，實驗必須重複夠多次，事件發生的比例才會趨近於機率。而氣象預測每天的天氣，每天的時空背景都不一樣，我們連重複第二次的機會都沒有，若沒有一個好的計算方法，實在無法因為幾次的結果就論定天氣預報是否準確！

任何一個事件機率的描述，都意味著我們有一台時光機，當事件結果發生後，可以乘坐時光機回到原本相同的時空背景，繼續重複實驗，然後執行無限多次，**事件發生的比例才會趨近於機率**。而用在賭局的期望淨利也是相同道理，因為是機率與賠率的相乘加總，也是必須在相同時空背景下執行夠多次，總報酬除以下注（交易）次數才會接近期望淨利。換句話說，總報酬為期望淨利乘上下注（交易）次數。

然而，現實中我們沒有時光機器，不可能重複無窮多次一模一樣的實驗、或是賭局，我們只能儘量玩「夠多次」有利可圖的賭局，或是尋找期望淨利特別大的賭局，根據先前的公式，才能獲得較高的報酬。然而，是否賭局的期望淨利越大越好呢？我們看下面兩個例子。

- **賭局 A**：勝率 50%，賠率 2。期望淨利為 50% × (1 + 2) - 1 = 0.5
- **賭局 B**：勝率 1%，賠率 1000。期望淨利為 1% × (1 + 1000) - 1 = 9.01

賭局 B 的期望淨利遠遠大於賭局 A。照理論來說，賭局 B 每賭 1 元平均會賺到 9.01 元；而賭局 A 賭 1 元只能賺到 0.5 元，試問你會參與哪場賭局？

你可能會選擇賭局 B 平均賺 9.01 倍，但是別忘了，贏一次可以賺 1000 倍的賭局 B，其代價是勝率只有 1%。也就是說，大部分的情況都是輸的，「平均」玩 100 次才會贏一次，贏的機會非常渺茫。從這個角度思考的話，試問你敢不敢投入全部資金？

從上面兩個例子，我們可以很清楚地知道一個事實：**期望值越大，不一定下注比例越大**。也就是決定下注比例的變數，並不是完全由期望淨利決定的。

這跟一般人認知的邏輯相反。大家都覺得一個賭局可不可以玩的必要條件，就是**期望淨利為正**。這句話其實沒有錯，但是實行起來卻有誤。期望淨利為正的意思是說，玩無限多次後的獲利會趨近於期望淨利。但我再強調一次，人生沒有天長地久，任何一場賭局、交易，都是有限次數的，甚至是一次性的。我們就只有一次機會賭輸贏，賭輸了就結束，賭贏了就過關。**但在計算機率時，卻是假設可以玩無限多次，這在現實世界中是不切實際的**。在下一小節中，我們會討論**有限次賭局**與**無限次賭局**之間的落差。

2.5 ｜ 用期望值決定最佳下注比例合理嗎？

期望值是機率論中一個重要的概念，對於決策問題具有重要意義。讓我們先從單一賭局（只玩一次）開始討論，假設現在有場勝率為 p、賠率為 b 的賭局，下注資金為 f 比例。這邊的問題是：要如何決定 f 才能獲得最高報酬率？一種直觀的想法是「計算下注後的資金期望值」。為了不失其一般性，讓我們假設原始資金為 1 元。由於賭局的賠率為 b，且下注資金為 f 比例，可以得知有 p 的機率，整體資金成長為 $1 + bf$ 倍；反之，有 $1 - p$ 的機率，資金會縮減為 $1 - f$ 倍。因此，只玩一次且下注 f 比例後的資金期望值計算如下：

$$p \times (1 + bf) + (1 - p) \times (1 - f)$$

$$= p + pbf + 1 - f - p + pf$$

$$= pbf + 1 - f + pf$$

$$= 1 + f\left(p(1 + b) - 1\right)$$

舉例來說，假設勝率 50%、賠率為 2 的賭局，初始資金有 100 元，若下注 20% 的比例 (20 元)。如果贏了，則資金成長為：

$$1 + bf = 1 + 2 \times 20\%$$

也就是資金會變為 $100 \times (1 + 2 \times 20\%) = 140$ 元。

但如果輸了，則資金縮減為：

$$1 - f = 1 - 20\%$$

也就是資金變為 100 × (1 - 20%) = 80 元。

在上述計算資金期望值公式中，我們希望透過決定 f 使得期望值最大化。注意到，此處下注比例 f 的範圍為 $0 \le f \le 100\%$。由於 p 與 b 皆為正數，因此該式子是以 f 為變數的一次線性函數。可解方程式得：

當 $p(1 + b) - 1$，$f = 100\%$ 有最大值發生，也就是會獲得最高的資金期望值，而最大值即為 $p(1 + b)$。

> **注意！** 限制條件是 $p(1 + b) - 1 > 0$，這個條件意味著必須有利可圖（期望值為正）。

這是一個相當奇特的現象，即在玩一次賭局時，只要滿足條件 $p(1 + b) - 1 > 0$，便應下注 100% 的資金。然而在實際操作中，不可能真的下注全部的資金。因為如果輸了，就會全輸光。儘管如此，在上述計算中，並沒有錯誤。

另外，此處的限制條件為 $p(1 + b) - 1 > 0$。這意味著，只要賭局是有利可圖，哪怕只是超級微薄的利潤，例如 $p(1 + b) - 1 = \varepsilon$ 時，對任意 $\varepsilon > 0$ 的極小正數，也應該下注全部的資金，這相當違反我們平時的直覺。

舉例來說，如果一場賭局的勝率為 50%、賠率為 1.01，那麼下注 f 比例且玩一次後的資金期望值為：

$$1 + f\left(p\left(1+b\right)-1\right)$$

$$= 1 + f\left(50\% \times \left(1+1.01\right)-1\right)$$

$$= 1 + 0.005f$$

　　平均來說，每下注 1 塊錢，可以獲得 0.005 元 (0.5%) 的利潤。儘管在大多數的賭局中，此利潤相當微小。但根據先前計算的結果，即使是如此微小的利潤，也建議下注全部的資金。然而，**為了獲得每次 0.5% 的利潤，卻必須冒著 50% 的機率損失 100% 本金的風險，這很明顯是不合理的！**

　　我們也可以觀察到另一種「勝率極低」但「期望值相對較大」的賭局 (例如 2.4 節的賭局 B)。若考慮賭局的勝率只有 1%、賠率為 1000。則下注 f 比例後的資金期望值為：

$$1 + f\left(p\left(1+b\right)-1\right)$$

$$= 1 + f\left(1\% \times \left(1+1000\right)-1\right)$$

$$= 1 + 9.01f$$

　　此賭局的期望值為 9.01，相對較高，代表平均每次玩，可獲利下注資金的 9.01 倍。因為有利可圖，根據前述推論也建議全押。然而，即使預期獲利如此高，卻有 99% 的機率會輸掉 100% 本金，這樣的下注方式顯然也不合理。從前面的討論可知，**以期望值作為判斷下注比例的決定依據，必定存在邏輯上的問題**，與我們平常所想的不同。接下來，我們會探討為什麼會出現這種期望值的謬誤。

期望值的謬誤

根據期望值的定義，當下注比例為 f 時，資金期望值為：

$$1 + f(p(1 + b) - 1)$$

該期望值可以解釋為以下過程：

重複進行一個賭局，初始資金為 1 元，且每次下注比例為 f。

- 如果某次賭局輸了，失去 f 比例的資金，下次仍然使用 1 元初始資金下注 f 比例。

- 如果某次賭局贏了，即使獲利加上 1 元初始資金為 $1 + b$ 元，下次仍然使用 1 元初始資金下注 f 比例。

當重複進行多次賭局時，每次賭局後的資金結果只會是 $1 - f$ 元或是 $1 + bf$ 元，如下圖所示。

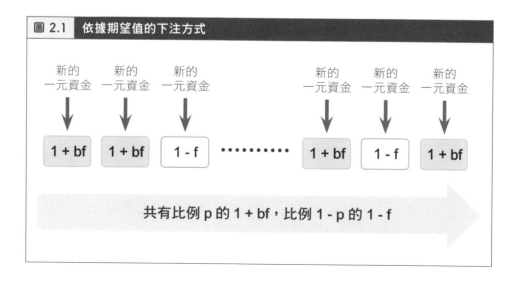

圖 2.1　依據期望值的下注方式

新的一元資金　新的一元資金　新的一元資金　　　　新的一元資金　新的一元資金　新的一元資金

| 1 + bf | 1 + bf | 1 - f | ·········· | 1 + bf | 1 - f | 1 + bf |

共有比例 p 的 1 + bf，比例 1 - p 的 1 - f

　　有發現到嗎？如果將多次重覆實驗賭局的資金結果記錄起來，其平均值會越來越接近 $1 + f(p(1 + b) - 1)$。**換句話說，必須保證足夠多的實驗次數，結果才會逼近理論上的資金期望值。**

　　在此情況下，最理想的選擇當然是把下注比例設為 $f = 100\%$，因為這樣確實能夠產生最大的期望值。然而，在現實環境中，賭局一次結束後即宣告結束，不可能每次都能借到錢重新來過。如果下注 $f = 100\%$，要麼全部失去資金，要麼增加到 $1 + b$ 元，並且不再有任何下注的機會。如果繼續進行下一局賭局，也不會有新的 1 元資金注入。

　　實際上，即使要重新開始，也只能將上一局的損失或獲利計入下一局的資金中。因此，在這種賭局設置下，即使只玩一次，下注 100% 明顯是一個錯誤的決策，因為一旦失敗，就不會有任何剩餘的資金。**賭局跟人生一樣，一旦過去就無法重來。**

2.6 人生只有一次不能重來，你還在相信期望值嗎？

在上一節中，我們提到期望值似乎無法作為決定下注比例的唯一考量。然而，有些人可能認為問題在於只進行一次賭局。那麼，如果我們考慮連續玩多次的賭局，是否也像玩一次銅板賭局一樣，在資金下注比例為 100% 的時候具有最大資金期望值呢？

假設賭局勝率為 p、賠率為 b。已知玩一次的資金期望值為 $1 + f(p(1 + b) - 1)$。值得注意的是，這個值是我們熟悉的算術平均數，因為只玩一次，同時也是幾何平均數。**要最大化期望值，很明顯 f 必須選擇 100%**。但現在，讓我們考慮賭局進行兩次的情況。也就是在兩次下注之後，賭局就結束了，會有以下四種情境：

- **情境 1：**

  第 1 次贏且第 2 次贏，機率為 $p \times p$，資金成長為 $(1 + bf)(1 + bf)$。

- **情境 2：**

  第 1 次贏且第 2 次輸，機率為 $p(1 - p)$，資金成長為 $(1 + bf)(1 - f)$。

- **情境 3：**

  第 1 次輸且第 2 次贏，機率為 $(1 - p)p$，資金成長為 $(1 - f)(1 + bf)$。

- **情境 4：**

  第 1 次輸且第 2 次輸，機率為 $(1 - p)(1 - p)$，資金成長為 $(1 - f)(1 - f)$。

在上述例子中，由於總共只進行了兩次賭局，因此有 4 種不同的可能情境：**即兩次都贏、兩次都輸、第一次贏第二次輸、第一次輸第二次贏。**

　　這四種情況可歸為三類：**兩次贏、兩次輸、一次贏一次輸**。這種方式也可以推廣至進行 T 次賭局的情況，進行 T 次賭局的可能結果可以歸類為 $T+1$ 種，整理表格分析如下：

分類	事件	機率	資金成長
分類 0	贏 0 次 輸 T 次	$C_0^T p^0 \left(1-p\right)^T$	$\left(1+bf\right)^0 \left(1-f\right)^T$
分類 1	贏 1 次 輸 T - 1 次	$C_1^T p^1 \left(1-p\right)^{T-1}$	$\left(1+bf\right)^1 \left(1-f\right)^{T-1}$
分類 2	贏 2 次 輸 T - 2 次	$C_2^T p^2 \left(1-p\right)^{T-2}$	$\left(1+bf\right)^1 \left(1-f\right)^{T-1}$
...	...	...	...
分類 T-1	贏 T - 1 次 輸 1 次	$C_{T-1}^T p^{T-1} \left(1-p\right)^1$	$\left(1+bf\right)^T \left(1-f\right)^0$
分類 T	贏 T 次 輸 0 次	$C_T^T p^T \left(1-p\right)^0$	$\left(1+bf\right)^T \left(1-f\right)^0$

　　接著就可以開始計算每種分類的期望值，即每種分類的機率乘以對應的資金變化，共得到 $T+1$ 個值。這些值的平均值即為進行 T 次賭局的資金期望值。

$$\sum_{k=0}^{T} C_k^T p^k \left(1-p\right)^{T-k} \times \left(1+bf\right)^k \left(1-f\right)^{T-k}$$

$$=\sum_{k=0}^{T} C_k^T \left(p\left(1+bf\right)\right)^k \left(\left(1-p\right)\left(1-f\right)\right)^{T-k}$$

$$=\left(p\left(1+bf\right)+\left(1-p\right)\left(1-f\right)\right)^T$$

$$=\left(1+f\left(p\left(1+b\right)-1\right)\right)^T$$

　　有趣的是，上述最大值依然發生在 $f = 100\%$。而玩 T 次的資金期望值與玩 1 次的資金期望值，差別只在 T 次方。接下來，讓我們討論：**玩 T 次且每次都全押，資金期望值的意義。**

　　在最多玩 T 次的情況下，如果把把全押，有非常大的可能是玩不到 T 次就賠光了。如果連續贏 T 次，根據上面計算期望值的結果，這條路徑所帶來的報酬將使整體平均資金最大。而這是重複多次實驗後的平均，雖然連贏 T 次、輸 0 次（分類 T）的機率非常非常渺小，但因為實驗可重複無限次，且每次實驗都有新的初始資金。因此，在 T 次的實驗中，只要遇到一次連贏，那就是會有這樣的「平均值」，這也是期望值的意義。

　　這裡指的**可重複無限次的實驗**，可以想像是當每次實驗結束後，就乘坐時光機回到當初實驗的時間點、回到相同的環境條件，當然包括又有原始資金讓你再**重複作一模一樣的實驗**。然後把過去每次時光旅行後的實驗結果加總起來平均，這才是**期望值**，相當於用多重宇宙的角度來描述。

　　當然，先前已經討論過這在實務上是不可能的，因為我們沒有時光機，不可能回去一模一樣的時空背景。人生是時間序列下，一連串事件累計的過程，經歷了便不再重來。既然如此，那「正期望值」賭局的意義到底何在？既然期望值需要時光機去實現，那 $p(1 + b) - 1$ 是否仍然越大越好？最大化期望值真的是我們要的最佳化嗎？我們還是必須從探討期望值計算的意義說起，考慮下面情境：

　　全國有 2,300 萬人，政府現在打算發放獎勵金給每一位人民，但獎勵金的發放方式需透過一場奇妙的賭局來決定，做法如下：

　　政府要求每位民眾最多拿出 x 元作為賭金，$x \leq 100$。接下來，每人會丟一枚公正銅板，人頭與數字出現機率都是 50%。若人頭出現，政府便會另外獎勵 $2x$ 元，並保留到公基金，若有盈餘，則會將獲利的部分平均分配給每位民眾；若數字出現，則 x 元上繳給國庫當稅金。舉例來說，若整

個國家只有一位民眾，他拿 50 元作為賭金。當人頭出現，政府便獎勵
100 元，這位民眾共可拿回 150 元（包含自己原本的賭金 50 元）；但若
數字出現，則這 50 元沒收繳給政府，民眾也虧損 50 元。

最後，全國人民因為這樣的賭局都會有淨損益，政府會將每位民眾的
淨損益收集起來並平均分配給 2,300 萬人民。試問，每位民眾該拿出多少
金額下注，全國人民整體可以分配到最大利益？也就是政府會花最多錢送
到人民口袋。

> **Tip** 在此不考慮**賽局理論**的情況，假設全國人民合作無間，大家都沒有私心。

上述問題的答案就很明顯，答案為 100 元全押，每位民眾都拿出
100% 的資金下注，這也就是前面我們計算期望值的方式。注意到這跟傳
統賭局是不一樣的，傳統賭局是個人一次又一次的下注、是一連串時間序
列的過程，過程中是不容許輸光的。而在上述的賭局中，全國會有將近一
半的民眾因為全押而輸光；但另一半的民眾因為全押也翻 2 倍。事後大家
再將總損益平分，對整體來說，每個人都下注 100% 資金，的確是全國人
民整體利益最大化的結果。

如果今天政府再改賭局的遊戲規則，允許每位民眾可以連續玩 10
次，但除了第一次賭局有限制條件（下注資金最多 100 元），後面的賭
局僅可用前面賭局輸贏後的剩餘資金下注（可能大於 100 元）。根據上述
推導，對整體利益最好的下注方式還是「每位民眾把把全押」。因為是全
押，在玩 10 次的過程裡，可能有相當多的民眾在未滿 10 次的時候，
就因為全押輸光了，那便不能再進行後面的賭局；而大約有 $\left(\frac{1}{2}\right)^{10} = \frac{1}{1024}$
的機率，會有人連續贏 10 次，因為把把全押故可獲得 5,904,900
$\left(100 \times \left(1 + 2 \times 100\%\right)^{10}\right)$ 元。

政府將 2,300 萬人的損益收集起來，平均分配盈餘後，則整體可獲得利益最大化。理論上，每 1,024 人就會有一人獲得 5,904,900 元，剩下的 1,023 人都賠光。因此，最後賭金分配後，全國人民共會有：

$$23,000,000 \times \frac{1}{1024} \times 5,904,900 = 132,629,589,844 \left(元\right)$$

大約 1,326 億 2,959 萬元。若除上 2,300 萬人，每人可分得約 5,766 元。注意到，其他下注方式，都不會比這數字來的大。若政府真願意提供給人民這樣的賭局，全押就是最好的下注方式。

然而，現實生活中大部分是個人賭局，是一連串時間序列下賭局結果的累計，上一局的損益結果會影響下一局的總體資金。就算是勝率再高的賭局，萬一發生萬一，只要失敗一次，就會失去所有資金，那便無法東山再起。**而資金管理的目的，是藉由手上的資金 (or 資源)，在一連串機率事件的時間序列上，根據風險與利潤決定該投入的最佳比例。**對比於前述的期望值計算，最佳化的確是 100%，但那**並不是時間序列上的最佳化，而是空間上可以重複的平均值最佳化**，這與現實單人賭局或是單商品投資交易是絕對不同的。

2.7 期望平均複合成長率 (EACG)

對於上述結論是只要有一點微利可圖,我們就要把把全押,讓期望值最大,可惜這個不是我們最大化個人資金成長的衡量標準。但也別那麼絕望,我們仍可將目標放在:**期望平均複合成長 (Expected Average Compound Growth, EACG)**,取代傳統期望值的計算。再複習一次前面章節期望值的計算:

勝率為 p、賠率為 b 的賭局,每次下注資金比例為 f,則玩 T 次後資金成長的期望值為:

$$\sum_{k=0}^{T} C_k^T p^k \left(1-p\right)^{T-k} \times \left(1+bf\right)^k \left(1-f\right)^{T-k}$$

前述推論得到上式可化簡為 $\left(1+f\left(p\left(1+b\right)-1\right)\right)^T$。這個結果導致只要一點微利可圖,便會下注 100% 的資金比例。當然在現實生活中這是不對的,讓我們再解釋一次原因:**在現實生活,每一次賭局的損益勢必影響到下一局的資金,沒有機會重新開始**。上面的計算方式是將最後的資金結果做平均,是站在第 T 步後的考量,且假設每次第一步都有新的初始資金重新開始。那我們該如何修改上面式子,才能計算出時間序列下的「最佳下注比例 f」呢?實務上,應該要考慮每一步的資金成長率。因為每一次賭局的損益都會反映在下一次賭局的資金使用上。所以需要考慮的是玩 T 步後每一步的**幾何平均,再計算其算術平均數**。

因此,我們針對每一種路徑(贏 k 次,輸 $T-k$ 次),計算每一步資金成長的幾何平均數。再將每一種路徑資金成長的幾何平均數平均計算其算數平均,稱之為期望平均複合成長 (EACG)。

下面我們以 $T = 2$ 為例，分別討論四種可能的路徑，並計算其每一步的資金成長率：

- **路徑 1：**

  第 1 次贏且第 2 次贏，發生機率為 $p \times p$，每一步的資金成長率為：

$$\left(\left(1 + bf\right)\left(1 + bf\right)\right)^{\frac{1}{2}}$$

- **路徑 2：**

  第 1 次贏且第 2 次輸，發生機率為 $p \times (1 - p)$，每一步的資金成長率為：

$$\left(\left(1 + bf\right)\left(1 - f\right)\right)^{\frac{1}{2}}$$

- **路徑 3：**

  第 1 次輸且第 2 次贏，發生機率為 $(1 - p) \times p$，每一步資金成長率為：

$$\left(\left(1 - f\right)\left(1 + bf\right)\right)^{\frac{1}{2}}$$

- **路徑 4：**

  第 1 次輸且第 2 次輸，發生機率為 $(1 - p) \times (1 - p)$，每一步資金成長率為：

$$\left(\left(1 - f\right)\left(1 - f\right)\right)^{\frac{1}{2}}$$

上述所計算的「每一步資金成長率」其實是幾何平均數的概念。

> **注意！** 這裡用**路徑**，而不是前述章節用的**情境**，是因為在此強調的是時間順序的幾何平均，而前述章節強調的是最後一步的結果的算術平均。

然後，分別將上述四種路徑的每一步資金成長率做算術平均，計算如下：

$$p^2 \times \left(\left(1+bf\right)\left(1+bf\right) \right)^{\frac{1}{2}}$$

$$+ p\left(1-p\right) \times \left(\left(1+bf\right)\left(1-f\right) \right)^{\frac{1}{2}}$$

$$+ \left(1-p\right)p \times \left(\left(1-f\right)\left(1+bf\right) \right)^{\frac{1}{2}}$$

$$+ \left(1-p\right)^2 \times \left(\left(1-f\right)\left(1-f\right) \right)^{\frac{1}{2}}$$

此結果我們稱之為「期望平均複合成長率 (EACG, Expected Average Compound Growth)」。在只玩 2 次的條件底下，真正要最佳化的其實是這個 EACG。接下來，可以一樣對玩 T 次的路徑進行分類。

分類	事件	機率	每一步的資金成長率
路徑分類 0	贏 0 次 輸 T 次	$C_0^T p^0 \left(1-p\right)^T$	$\left(\left(1+bf\right)^0 \left(1-f\right)^T \right)^{\frac{1}{T}}$
路徑分類 1	贏 1 次 輸 T - 1 次	$C_1^T p^1 \left(1-p\right)^{T-1}$	$\left(\left(1+bf\right)^1 \left(1-f\right)^{T-1} \right)^{\frac{1}{T}}$
路徑分類 2	贏 2 次 輸 T - 2 次	$C_2^T p^2 \left(1-p\right)^{T-2}$	$\left(\left(1+bf\right)^2 \left(1-f\right)^{-2} \right)^{\frac{1}{T}}$
...	...	...	...
路徑分類 T-1	贏 T - 1 次 輸 1 次	$C_{T-1}^T p^{T-1} \left(1-p\right)^1$	$\left(\left(1+bf\right)^{T-1} \left(1-f\right)^1 \right)^{\frac{1}{T}}$
路徑分類 T	贏 T 次 輸 0 次	$C_T^T p^T \left(1-p\right)^0$	$\left(\left(1+bf\right)^T \left(1-f\right)^0 \right)^{\frac{1}{T}}$

綜合上述，給定一個勝率為 p、賠率為 b 的賭局、玩 T 次，我們定義 EACG 公式如下：

$$\text{EACG}_{p,b,T}\left(f\right) = \sum_{k=0}^{T} C_k^T\, p^k\left(1-p\right)^{T-k} \times \left(\left(1+bf\right)^k\left(1-f\right)^{T-k}\right)^{\frac{1}{T}}$$

以 $p = 50\%$、$b = 2$、$T = 1,2,...,6$ 來說，我們以下注比例 f 為橫軸，$\text{EACG}_{p,b,T}\left(f\right)$ 為縱軸畫圖，藉此觀察 f 該選擇多少會有最大的期望平均複合成長。下面左圖是玩一次 $(T = 1)$ 就走的情形，可以觀察到全押最好 $(f = 100\%)$，有最高的期望平均複合成長率 1.5。在玩一次的情況下，最大化 EACG 與最大化期望報酬的作法是一樣的，都是下注 100%，這是因為 $T = 1$ 的幾何平均數本來就是算術平均數。然而，在 $T = 2$ 時會開始不一樣：

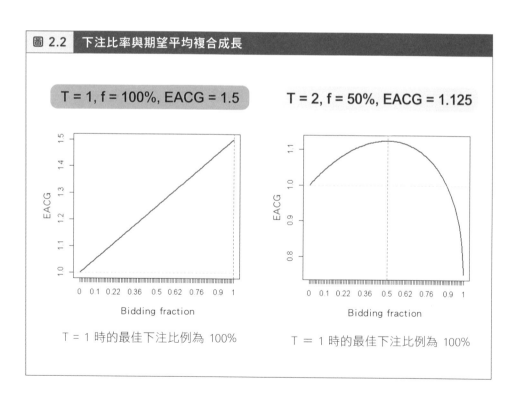

圖 2.2　下注比率與期望平均複合成長

從上圖可以發現，當只玩 2 次時，最佳下注比例為 50%，最大期望平均複合成長為 1.125。也就是平均每步的成長率為 12.5%。

注意！ 這裡的平均依然是算術平均，EACG 是計算每一種路徑每一步成長率的算術平均。12.5% 是指若每個人都如此下注，大家最後每一步成長率的算術平均。

實務上若真的玩 2 次且每次都下注 50%，依然是有 25% ($= \frac{1}{2} \times \frac{1}{2}$) 的機率，資金會虧損到只剩下 25% $\left(= \left(1-50\%\right)^2\right)$。詳細分析如下：

玩 2 次	發生機率	資金變化	資金幾何報酬（每一步）
贏贏	25% ($= \frac{1}{2} \times \frac{1}{2}$)	4 ($= \left(1+2\times50\%\right)^2$)	2 ($= 4^{1/2}$)
贏輸	25% ($= \frac{1}{2} \times \frac{1}{2}$)	1 ($= \left(1+2\times50\%\right)\left(1-50\%\right)$)	1 ($= 1^{1/2}$)
輸贏	25% ($= \frac{1}{2} \times \frac{1}{2}$)	1 ($= \left(1-50\%\right)\left(1+2\times50\%\right)$)	1 ($= 1^{1/2}$)
輸輸	25% ($= \frac{1}{2} \times \frac{1}{2}$)	0.25 ($= \left(1-50\%\right)^2$)	0.5 ($= 0.25^{1/2}$)

以投資而言，其風險仍然相當大。下面四張圖分別為 $T=3$、$T=4$、$T=5$ 及 $T=6$ 時，下注比例與期望平均複合成長的關係圖。

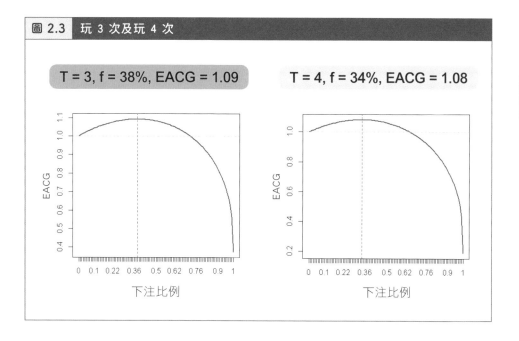

圖 2.3　玩 3 次及玩 4 次

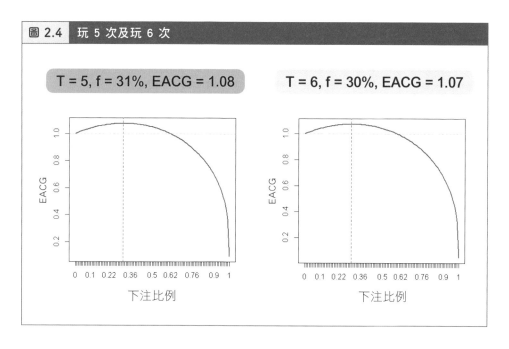

圖 2.4　玩 5 次及玩 6 次

觀察上面四張圖，我們整理最佳下注比例與最大 EACG 表格如下：

勝率 50%；賠率為 2 玩 T 次	最佳下注比例	最大 EACG
$T = 1$	100%	1.5
$T = 2$	50%	1.125
$T = 3$	38%	1.09283
$T = 4$	34%	1.08206
$T = 5$	31%	1.07669
$T = 6$	30%	1.07347

可以觀察到，隨著玩的次數越多，最佳下注比例會越來越小。我們不經好奇最佳下注比例是否會收斂到「某個下限」？為了更好地理解這一點，讓我們藉由實驗模擬看看吧！下圖橫軸為玩的次數 T，縱軸為最佳下注比例使得發生最大 EACG。以此例子來說，勝率 50%、賠率為 2 的賭局，似乎隨著玩的局數越多，最佳下注比例會收斂到 25%，正如下圖中的綠色水平虛線所示。在第三章中，我們將從另一種方式來進行推導，計算出多次下注後的最佳比例，這正是著名的凱利法則結果。

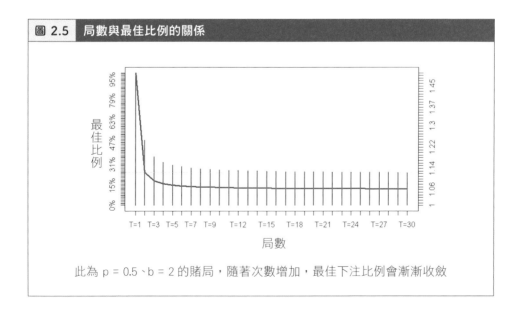

圖 2.5　局數與最佳比例的關係

此為 p = 0.5、b = 2 的賭局，隨著次數增加，最佳下注比例會漸漸收斂

第 3 章

賭徒的聖盃 —
凱利法則

3.1 | 銅板賭局與下注方式

在上一章中，我們淺談了「最佳下注比例」的概念，那「固定下注法」呢？每局都下注固定金額的話，會呈現怎樣的損益情形、風險會不會更低？為了解答這個問題，讓我們再一次回到銅板賭局吧！如果現在有一場勝率 50%、賠率為 2 的賭局。玩家有 100 元的初始資金，一共玩 5 局。每局要下注多少資金，才能使得利益最大化呢？

為了讓各位讀者能更好地理解，我們直接假設 5 次的輸贏為：

考慮以下兩種下注方法：

● **方法 A**：因為初始資金為 100 元，且共玩 5 次，因此平均分配初始資金，每次下注固定金額 20 元。

● **方法 B**：每次下注當下現有資金的固定比例 20%。

則累計資金損益計算如下：

局數	贏 / 輸	方案 A (每次下注 20 元)	B 方案 (每次下注總資金的 20%)
0	–	100	100
1	贏	140	140
2	輸	120	112
3	輸	100	89.6
4	贏	140	125.44
5	贏	180	175.62

就以上情況來說，最後是方法 A 小勝 4.38 (= 180 - 175.62) 元。但是，可以思考一下，若今天不是玩 5 局，而是玩更多局數，那結果會是如何？我們利用程式來模擬上述兩種下注方法，各玩 5 局及 50 局的情形，如下所示：

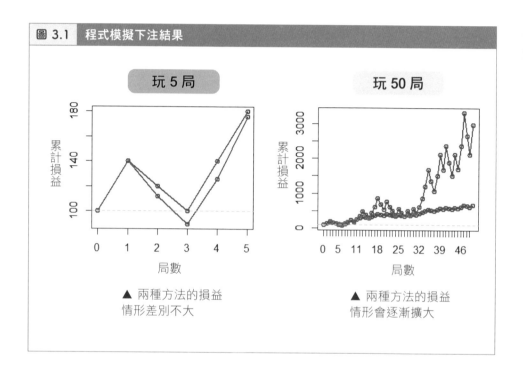

圖 3.1 程式模擬下注結果

玩 5 局

▲ 兩種方法的損益情形差別不大

玩 50 局

▲ 兩種方法的損益情形會逐漸擴大

從上圖可以觀察到，當玩 50 次賭局時，下**固定比例**的紅色累積損益曲線，與下**固定金額**的藍色累計損益曲線就漸漸拉開了，固定比例能獲得更快的資金累積速度。而下固定金額的玩法，唯一的好處只有相較於下固定比例的藍色累積損益曲線，更為 **"穩定"**。也就是說，藍色曲線的上下起伏沒有紅色曲線來的大。

　　試想一下，在給定賭局固定**勝率**與**賠率**的前提下，若存在一個最佳的賭法可以使得資金成長最大化，則每一步這個比例都應該固定才為合理。另一方面，若每一步都下注固定金額，**那與當下累計資金的比例必定會改變**。換句話說，**每一步的賭法都不一樣，這是矛盾的**。因此，在賭局固定勝率與固定賠率的設定下，我們必須考慮每一步都是固定下注比例，也就是下注金額與當下累積資金有一個**固定的比例**，這與當下累積資金多少無關。

　　固定比例的另一個好處是，「理論」上不會有破產的風險。在每一局當下，不管前面輸贏如何，都是下注目前資金的 20%。然而，這只是理論上不會破產，實務上並不可行。我們所運用的資金有最小單位，例如新台幣為 1 元（或 1 角），買賣標的亦有最小單位，例如股票為 1 股、期貨為 1 口，並不能讓我們下注到任意分數。

3.2 | 固定比例的銅板賭局

在本節中,我們直接使用程式來模擬銅板賭局的下注。在給定賭局的勝率與賠率下,我們畫出每次都押固定比例時的累計損益曲線。下圖為**勝率 50%**、**賠率 2**、用**下注比例 25%** 玩 100 次。其中橫軸為局數 (次)、縱軸為累計損益曲線。

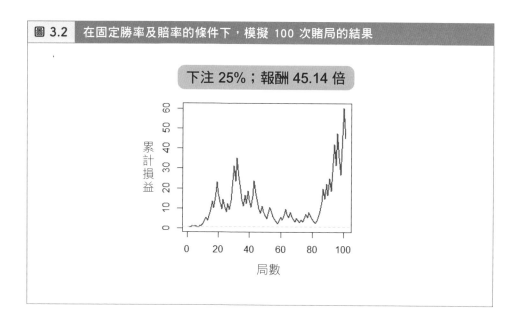

圖 3.2 在固定勝率及賠率的條件下,模擬 100 次賭局的結果

下注 25%;報酬 45.14 倍

從這一次的模擬來說,最後獲利 4,514%,但這僅是一次的試驗。為求嚴謹,下面四張圖也是在相同的條件下,玩 100 次的模擬結果。可以觀察到,每次結果都不一樣,不僅有賺有賠,也有穩定獲利跟獲利後再賠光的。可見即使固定下注比例,實際的模擬差異還是很大。

圖 3.3　多次的隨機模擬結果

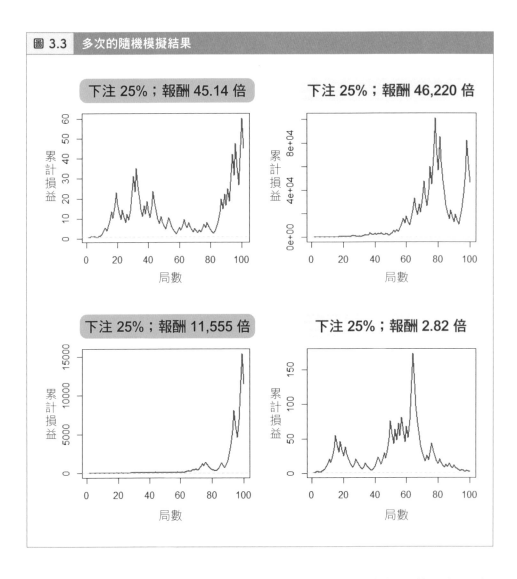

上面雖然每次模擬結果都不同，但至少還是固定相同的下注比例 25%，且固定次數 100 次。若分別模擬玩 10 次、玩 40 次、玩 60 次、玩 80 次呢？會有怎樣的差別？

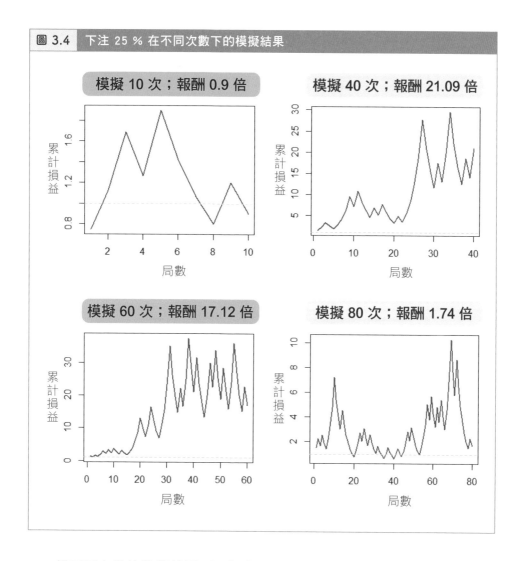

圖 3.4 下注 25 % 在不同次數下的模擬結果

從不同次數的模擬結果可以觀察到，若依然維持固定下注比例 25%，但分別模擬玩 10 次、玩 40 次、玩 60 次、玩 80 次，也是會有很大的波動發生，似乎看不出有規律的穩定獲利，也就是累計損益曲線似乎看不出趨勢。即使固定相同比例，但玩的次數不同，還是會有很大的差異。

接下來，讓我們模擬不同下注比例的實驗。下面四張圖，分別為模擬不同的下注比例，包含 10%、30%、50%、70%，玩 100 次的結果。

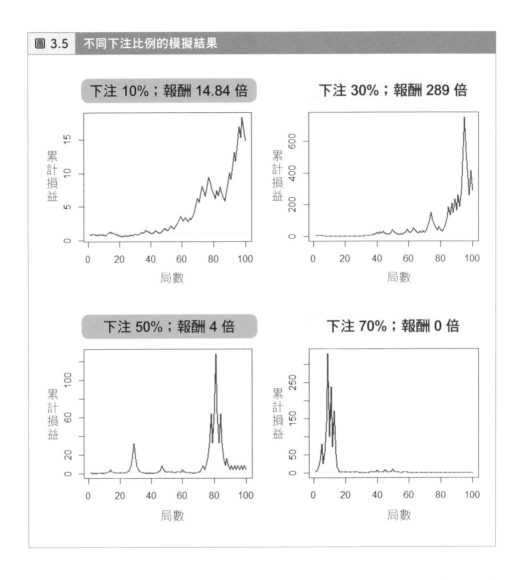

圖 3.5　不同下注比例的模擬結果

可以觀察到，不同的下注比例會對累計損益曲線有很大的影響。以上面例子來說，下注 30% 有著最高的資金成長 (289 倍)；下注 70% 則是幾乎賠光。上圖為模擬 100 次的結果，如果我們將模擬次數設定為一千次、一萬次、甚至是一個逼近無窮大的數字，這個結果會越趨明顯、越穩定。就結論來說，**模擬次數要足夠多，才能看得出累計損益的趨勢。**

3.3 銅板賭局 — 理論下的資金成長

3.2 小節論述了在固定下注比例下，賭局的累計損益曲線與玩的次數、下注比例有顯著的關係。我們不禁好奇，那是否存在一個理論上最好的下注比例？**其實這個最好的下注比例，是可以透過數學推導出一個最佳化公式**。但在開始推導前，不妨先看看採用程式計算的結果。

考慮勝率 50%、賠率為 2 的賭局，玩 10 次。從上一章節介紹的二項式分佈可知，雖然勝率為 50%，但玩 10 次不一定贏 5 次、輸 5 次，這個結果會根據二項式分佈決定。但既然要計算 " 理論 " 上的報酬，我們不妨還是先假設實際出現的輸贏比例，確實與勝率相同。也就是若賭局勝率 50%，則玩 10 次的理論輸贏比例就是贏 5 次、輸 5 次。若勝率為 p、賠率為 b、共玩 T 次，則理論上會贏 $T \times p$ 次，輸 $T \times (1-p)$ 次。假設初始資金是 1 元，下注比例為 f，則最終的資金成長為：

$$\left(1 + bf\right)^{T \times p} \left(1 - f\right)^{T \times (1-p)}$$

依照以上公式，讓我們用程式來模擬不同下注比例 f = 0%、1%、2%、...99%、100%，玩 T 次後理論上的資金成長。下圖為 $T = 20$、$p = 50\%$、$b = 2$ 的模擬結果，橫軸為下注比例；縱軸為上述公式所計算出來的理論資金成長。用程式繪圖的好處是，我們只需要觀察哪個下注比例有最高的資金成長，便可得知最佳下注比例是多少。

> **注意！** 這裡下注比率只計算到小數點後兩位，但實際的最佳下注比例可能是包含很多位的小數，這裡不深入探討。

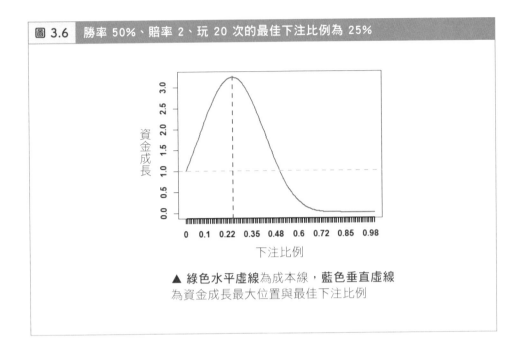

圖 3.6　勝率 50%、賠率 2、玩 20 次的最佳下注比例為 25%

▲ 綠色水平虛線為成本線，藍色垂直虛線
為資金成長最大位置與最佳下注比例

　　從上圖可知，勝率 50%、賠率為 2 的賭局，在玩 20 局後，下注比例為 25% 時，資金成長達到了最高峰 325%（包含本金）：

$$\left(1 + 2 \times 25\%\right)^{10} \left(1 - 25\%\right)^{10} \cong 3.25$$

因此 25% 為此賭局的最佳下注比例。

　　這只是**理論上的報酬**，是根據勝率分配的輸贏比例，搭配下注比例計算而得。**在實務上，有限次賭局不一定會完美符合理論報酬**。如第二章所述，實際的輸贏比例會取決於二項式分佈。

　　再來我們探討次數對賭局預期報酬的影響。在同樣的賭局條件下（勝率及賠率相同），玩的次數不同會不會改變最佳下注比例呢？我們根據上述理論的資金成長公式，玩 1 次、玩 2 次…到玩 20 次，在不同下注比例下資金成長的理論值，繪製如下：

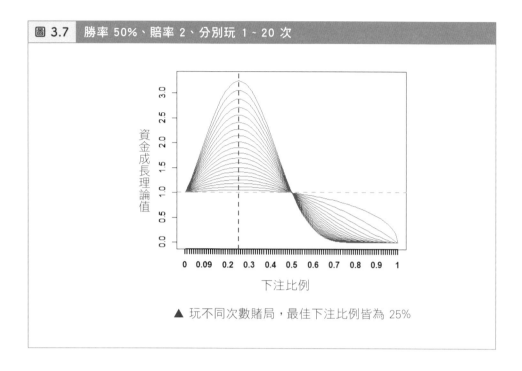

圖 3.7 勝率 50%、賠率 2、分別玩 1 ~ 20 次

▲ 玩不同次數賭局，最佳下注比例皆為 25%

從上圖可以發現，在同樣條件的勝率及賠率下，**最佳下注比例都在 $f =$ 0.25 的位置，並不會隨著賭局次數的改變而變**。這個道理其實很簡單，我們只要計算其資金成長的幾何平均數（開 T 次方），就可得到此賭局的幾何持有期間報酬 (GHPR)：

$$\left(\left(1+bf\right)^{T\times p}\left(1-f\right)^{T\times(1-p)}\right)^{\frac{1}{T}}=\left(1+bf\right)^{p}\left(1-f\right)^{(1-p)}$$

> **Tip** 後面章節會詳加介紹幾何持有期間報酬 (GHPR)。

同樣地，我們用程式來計算不同下注比例 $f = 0\%$、1%、2%、...99%、100% 的資金成長理論值。幾何持有期間報酬的圖示如下：

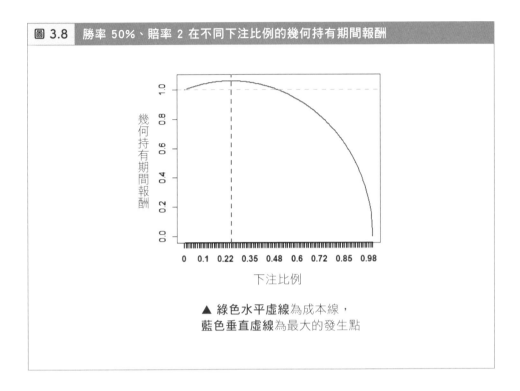

圖 3.8　勝率 50%、賠率 2 在不同下注比例的幾何持有期間報酬

▲ **綠色水平虛線**為成本線，
藍色垂直虛線為最大的發生點

　　從上面的計算資金成長理論值中可以發現，每一步的最大報酬都是發生在下注比例 $f = 0.25$ 的時候。既然每一步都可以獲得相同的最佳下注比例，那相乘起來，也就是在重複賭局的狀況下，也會獲得最高的理論資金成長。換句話說，**影響最佳下注比例的參數只有勝率及賠率**，賭局次數並不會影響要讓資金成長理論值最大化的最佳下注比例。

　　在本節中，我們透過程式計算的方式來獲得最佳下注比例。但是，當賭局條件改變時，是不是又要程式重新全部下注比例計算一遍？有沒有方法可以馬上計算出在不同賭局下（不同勝率與賠率）的最佳下注比例？當然可以！在下一節中，我們會討論如何用數學來證明、推導理論上的最佳下注比例。

3.4 | 凱利法則公式推導

前一小節我們是拿給定實際參數的賭局，包括勝率、賠率、玩的局數，計算出讓資金成長理論值最大化的下注比例而這個最佳下注比例，要如何使用推導的方式來求出數學公式解呢？

將上述的問題敘述得更明確些。假設有一場賭局，勝率為 p、賠率為 b、玩 T 次，則 f 該選擇多少，可使得資金成長最大化？

為了不失其一般性，讓我們設定初始資金為 A_0，且每次下注比例為 f，其中 $0\% \leq f \leq 100\%$。當然，每次下注 f 後的輸贏，會使得資金產生變化。若第 t 步的資金為 A_t，現在最重要的問題就是探討 A_t 與 A_{t+1} 之間的關係。簡單來說，就是如何讓 A_t 到 A_{t+1} 有最大幅度的增長？為了更好地理解這個問題，我們實際舉例，並設定參數值如下：

勝率：$p = 50\%$、賠率：$b = 2$、初始資金：$A_0 = 100$、下注比例：$f = 20\%$ 在上述賭局設定與玩法下，進行分析如下：

● **第 1 次下注：**

贏了，由於押了 100 元裡的 20%（也就是 20 元），且賠率為 2，故 20 元淨賺 2 倍，也就是淨賺 40 元。初始資金變化為：

$$A_1 = 100 \times \left(1 + 2 \times 20\%\right) = 140$$

輸了，則輸掉所押的資金，也就是 100 元裡的 20%，故初始資金變化為：

$$A_1 = 100 \times \left(1 - 20\%\right) = 80$$

- **第 2 次下注：**

  贏了，第一次的資金 A_1 成長為：

  $$A_2 = A_1 \times \left(1 + 2 \times 20\%\right)$$

  輸了，第一次的資金 A_1 減少為：

  $$A_2 = A_1 \times \left(1 - 20\%\right)$$

  依此類推，我們可得以下論述⋯

- **第 t 次下注：**

  贏了，第 t 次的資金 A_t 成長為：

  $$A_t = A_{t-1} \times \left(1 + 2f\right)$$

  輸了，第 t 次的資金 A_t 減少為：

  $$A_t = A_{t-1} \times \left(1 - f\right)$$

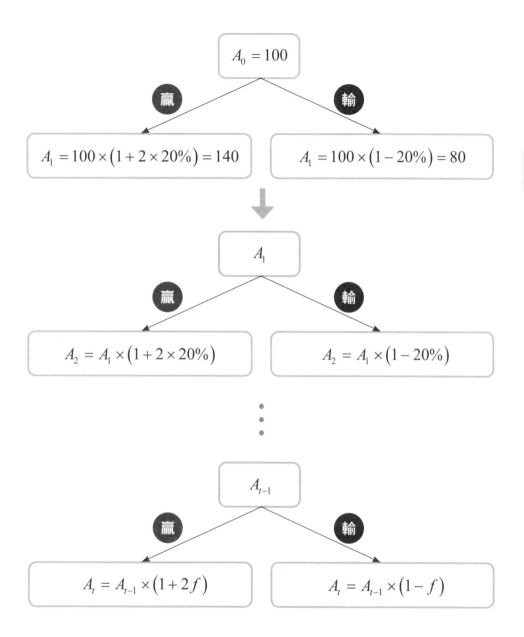

第3章

　　從上述推導中不難發現，只要贏了，就是上一次的資金，乘上 (1 + 2f)。只要輸了，就是上一次的資金，乘上 (1-f)。

現在我們可以做個總整理，在玩 T 次的賭局裡，假設贏了 W 次，輸了 L 次，也就是 $T = W + L$。可以得到：

$$A_T = A_0 \times \left(1 + 2f\right)^W \times \left(1 - f\right)^L$$

有了上面的式子後，現在我們想要決定什麼樣的 f，會使得 T 次賭局後的資金成長最大化，也就是 A_T 有最大值。**凱利法則 (Kelly criterion) 便是針對上述式子給了最佳解**。可以發現這其實就是微積分求極值的問題：什麼樣的 f 會使得方程式 A_T 最大？由於 W 跟 L 是我們無法決定的變數，但它又跟勝率 p 與玩的次數 T 有關。這裡用了一個巧妙的技巧，將 A_T 取對數 log（e 為底數），可以得到推導如下：

$$\log \frac{A_T}{A_0} = W \times \log\left(1 + 2f\right) + L \times \log\left(1 - f\right)$$

將上式同除 T 後得：

$$\frac{1}{T} \log \frac{A_T}{A_0} = \frac{W}{T} \times \log\left(1 + 2f\right) + \frac{L}{T} \times \log\left(1 - f\right)$$

讓 $T \to \infty$，可以得到：

$$\lim_{T \to \infty} \frac{1}{T} \log \frac{A_T}{A_0} = \lim_{T \to \infty} \frac{W}{T} \times \log\left(1 + 2f\right) + \lim_{T \to \infty} \frac{L}{T} \times \log\left(1 - f\right)$$

$$= p \times \log\left(1 + 2f\right) + q \times \log\left(1 - f\right)$$

$$= 50\% \times \log\left(1 + 2f\right) + 50\% \times \log\left(1 - f\right)$$

> **注意！** 根據大數法則，我們用到以下關係式：
>
> $$\lim_{T \to \infty} \frac{W}{T} = p = 50\% \text{、} \lim_{T \to \infty} \frac{L}{T} = 1 - p = 50\%$$

由於上式變數為 f，我們令 $W_T(f) = \lim_{T \to \infty} \frac{1}{T} \log \frac{A_T}{A_0}$。為求極值將其對 f 微分後得：

$$\frac{d}{df} W_T(f) = 50\% \times \frac{2}{1 + 2f} + 50\% \times \frac{-1}{1 - f}$$

極值發生在一階微分等於 0，因此令 $50\% \times \dfrac{2}{1 + 2f} + 50\% \times \dfrac{-1}{1 - f} = 0$，解方程式後可得：

$$f = \frac{50\%(1 + 2) - 1}{2} = 25\%$$

我們若將上述推論的賠率 2 取代為賠率 b，勝率 50% 取代為勝率 p。經過一樣的推導，可得凱利公式如下：

$$f = \frac{p(1 + b) - 1}{b}$$

注意到上面公式，f 的值會介於 0% 到 100% 之間。可觀察到其分子便是此場賭局的期望淨利 $p(1 + b) - 1$ $(=pb + (1-p)(-b))$。換句話說，**當賭局無利可圖，期望淨利為 0 時，根據凱利公式，最佳下注比例亦為 0**，也就是凱利建議我們不要下注。這相當符合直覺。畢竟都無利可圖了，本來就不該下注。那什麼樣的情形要下大注呢？甚至什麼時候可以全押 (all in)，也就是 $f = 100\%$，俗稱梭哈 (show hand)。在下一節中，我們會詳細討論。

3.5 勝率與賠率的兩難 — 何時梭哈 (Show Hands)？

根據上節提到的凱利公式 $f = \dfrac{p(1+b)-1}{b}$，我們可以藉此觀察全押的充分必要條件。

先看必要條件，若 $f = 100\%$，代入凱利公式可以得到：

$$f = \frac{p(1+b)-1}{b} = 1$$

可推得：

$$p(1+b)-1 = b$$

解 p 後得到：

$$p = \frac{1+b}{1+b} = 1$$

這意味著，當 $f = 100\%$，我們可推得 $p = 100\%$；反過來，當 $p = 100\%$ 時，我們也可推得 $f = 100\%$，如下所示：

$$f = \frac{p(1+b)-1}{b} = \frac{100\% \times (1+b)-1}{b} = 100\%$$

想一想這是廢話，但確實如此。如果保證 100% 穩贏，你不僅要 100% 全押，更要拚命借錢押下去，能借多少算多少，反正重點是穩贏，一定賺，所以押越多獲利越多。因此，梭哈的充分且必要條件是勝率為

100%。理論雖是如此，但天底下的賭局交易，又哪有什麼是 100% 保證穩贏的呢？就算是無風險套利，也是都會有例外情形發生。所以，我們在資金管控上，都必須留點緩衝 (<100%) 的餘地。

此外，我們可以從另一種方式思考，萬一勝率不是 100% 的話，會有什麼情形發生？

翻倍可以很多次，破產只需要一次！

假如今天有場賭局，勝率高達 99%，賠率高達 10,000 倍，也就是押 1 塊錢，有 99% 的機率會贏錢，且贏錢可以淨賺 10,000 元。你可能會想天底下怎麼有這麼好康的事？開設這賭局的莊家是傻了嗎？

只是這賭局有個條件，規定只能玩一次，且要將身家財產全押下去。也就是身邊能變成現金的的所有資金，房子、車子、珠寶，通通變現後押下去。如果贏了，(事實上很大的機率會贏，誰會很倒楣地遇到那 1%)，那就是億萬富豪；但如果輸了 (1% 的機會)，那就會傾家蕩產，一無所有。

你會不會玩這場賭局？

我們可以先從凱利法則的角度來看：

$$f = \frac{p(1+b)-1}{b} = \frac{99\% \times (1+10000)-1}{10000} = 98.99\%$$

凱利法則計算出的最佳比例只有 98.99%。因為勝率不是 100%，即使高達 99.99%，但就不是 100%。如果這場賭局能一直玩下去，那根據凱利公式的意義，每次都押 98.99% 便是最佳下注比例。

　　可惜的是這場賭局不能一直重複玩下去，只能玩一次，且要全部押下去。一日真的遇到 1% 的機率，那便一無所有？這時你可能會再仔細思考到底該不該玩這場賭局了？

　　99% 的勝率，還是有那 1% 會輸的機率。意思是說，理論上平均而言，每 100 次會有 1 次輸掉。假設你贏了 100 次，把把全押把把翻倍，但最後 1 次輸的也全押，資金還是歸零。歸零了就沒辦法東山再起了。華人有句俗語：留得青山在，不怕沒柴燒。投資也有句諺語：**翻倍可以很多次，破產只需要一次**，都是講這個道理。

▎樂透頭彩：勝率低但賺賠比很大的賭局！

　　另一方面，如果考慮到勝率很低，但賠率很大的賭局呢？根據凱利公式，我們不妨讓賠率 b 趨近無限大，可得到下面計算：

$$\lim_{b \to \infty} \frac{p(1+b)-1}{b} = p$$

　　這意味著，賠率很大的賭局，最佳下注比例會趨近於勝率。如果勝率為 10%、賠率為 10,000 倍，根據凱利公式最佳下注比例為：

$$f = \frac{10\%(1+10000)-1}{10000} \approx 9.991\%$$

　　在這個賭局中，如果押 1 塊錢，贏了可以翻 10,000 倍；押 10 塊錢，贏了可以變 10 萬塊；那押 1,000 塊，贏了可以變成 1,000 萬。的確是非常吸引人的賭局，那麼你會不會想要押多一點，肯定會吧！你可能會想說，既然如此有利可圖，那不如就押總資金的 50% 吧。一般人的直覺肯定會超過總資金的 10%，可惜這是錯的！

　　賠率很大的賭局，就像是樂透頭彩一樣。買一張樂透最大的損失就是 NT 50 元，中頭彩假設是 1 億 (NT 100,000,000)，那賠率為 2,000,000 倍。假設樂透頭彩的機率恰好高於 1/2,000,000，為有利可圖的賭局。我們不妨假設頭彩的中獎機率為 1/1,000,000（千萬分之一）就好，那最佳下注比例就會接近 1/1,000,000。也就是說，假設根據凱利公式你買一張樂透，花了 NT 50 元。這意味著你背後身家需為：

$$NT\,50 \text{元} \times 1,000,000\,(\text{一千萬}) = 50,000,000\,(\text{五千萬})$$

　　這是個相當驚人的數字。看到這樣的計算，大家便可明瞭買樂透純粹是公益性質，難怪樂透又叫做公益彩券。想要利用樂透頭彩致富，那幾乎是不可能的事，因為大部分資金低於五千萬的人，只要買一張就會超過最佳下注比例。對於大多數人來說，多買遲早達到破產，適量而止就好。

3.6 | 贏的賠率與輸的賠率 ─ 更一般化的凱利公式

　　在前一節中，我們介紹了傳統凱利公式的推導，並以勝率 50%、賠率為 2 的賭局為例。事實上這樣的賭局，我們已經用到一個前提假設，那就是一旦輸，會輸掉「押的資金的 100%」。但是，實際上的交易往往不是如此，並不會一把就輸光全部下注的資金。

　　舉例來說，假設現在台積電股票一股為 500 元，你想買進一張，並且設定停損 10%、停利 20%。換句話說，買進一張台積電你需要花 50 萬元（在不考慮交易成本的情況下），一旦台積電先跌到 450（=500×(1-10%)）元就停損出場，這時賠了 5 萬元，也就是 10% 的資金。

　　上述的交易，我們重新敘述賭局如下：我押了 50 萬，若是輸錢，會賠下注金額的 10%，也就是 5 萬元，而不是 50 萬都賠光光；而贏的話會，會贏下注金額的 20%，也就是賺 10 萬。這種交易就不是我們認知上的傳統賭局：輸了會賠光所有的下注的資金；贏了會將下注資金翻了幾倍。

　　以這個例子來說，可以計算出賺賠比為 2，但這裡的 2 是由 20% 的停利，與 10% 的停損計算來的，也就是 $\left|\dfrac{20\%}{-10\%}\right|$，並不能反映出「賠會賠下注資金的 10%」、「賺會賺下注資金的 20%」。如果我們將條件改成停損 20%、停利 40%，同樣也能計算出 2 這個數字。只有單一數字的賺賠比無法看出對於下注金額的影響。

　　因此，我們需要更詳細地定義「賺賠比」這件事。以賠率的觀點來說，應與「下注的資金」進行比較，**也就是贏錢時有贏的賠率；輸錢時有輸的賠率**。以上述例子來說，贏的賠率為 20%，也就是下注 1 塊錢，贏的話可以贏 1 塊錢的 20%；輸的賠率為 10%，也就是下注 1 塊錢，輸的話會輸 1 塊錢的 10%。

如此一來，可重新推導凱利公式，讓我們一樣先定義問題：

- **賭局**：假設有一場賭局，勝率為 p、贏的賠率為 b_1、輸的賠率為 b_2（$b_2 > 0$），則最佳下注比例 f 為何？

- **推導**：假設初始資金為 A_0，第 t 步資金為 A_t，則類似之前推導可得：

  - 若第 $t-1$ 步贏，則第 t 步資金為 $A_t = A_{t-1} \times \left(1 + b_1 \times f\right)$
  - 若第 $t-1$ 步輸，則第 t 步資金為 $A_t = A_{t-1} \times \left(1 - b_2 \times f\right)$

若玩了 T 步，假設贏了 W 次、輸了 L 次，則：

$$A_T = A_0 \times \left(1 + b_1 \times f\right)^W \times \left(1 - b_2 \times f\right)^L$$

什麼樣的 f 會使得 A_T 最大？如果我們將 A_T 取對數 log 以自然對數 e 為底，可以得到：

$$\log \frac{A_T}{A_0} = W \times \log\left(1 + b_1 \times f\right) + L \times \log\left(1 - b_2 \times f\right)$$

將上式除上 T 後得：

$$\frac{1}{T} \log \frac{A_T}{A_0} = \frac{W}{T} \times \log\left(1 + b_1 f\right) + \frac{L}{T} \times \log\left(1 - b_2 f\right)$$

令 $T \to \infty$，也就是賭局可以玩無限多次的話，則上式變為：

$$\lim_{T \to \infty} \frac{1}{T} \log \frac{A_T}{A_0} = p \times \log\left(1 + b_1 f\right) + \left(1 - p\right) \times \log\left(1 - b_2 f\right)$$

由於上式變數為 f，我們令 $W_T(f) = \dfrac{1}{T} \log \dfrac{A_T}{A_0}$，為求極值將其對 f 微分後可得：

$$\frac{d}{df}\left(p \times \log\left(1 + b_1 f\right) + \left(1 - p\right) \times \log\left(1 - b_2 f\right)\right) = 0$$

$$p \times \frac{b_1}{1 + b_1 f} + \left(1 - p\right) \times \frac{-b_2}{1 - b_2 f} = 0$$

簡化後得：

$$pb_1\left(1 - b_2 f\right) - \left(1 - p\right)b_2\left(1 + b_1 f\right) = 0$$

展開後可得：

$$pb_1 - pb_1 b_2 f - \left(1 - p\right)b_2 - \left(1 - p\right)b_2 b_1 f = 0$$

可得：

$$pb_1 - \left(1 - p\right)b_2 - b_2 b_1 f = 0$$

推得：

$$f = \frac{pb_1 - \left(1 - p\right)b_2}{b_1 b_2}$$

注意！ 當 $b_2 = 1$ 且 $b_1 = b$ 時，則上式可化簡成傳統的凱利公式。

　　很多人初次看到凱利公式，都以為這就是交易的聖盃，畢竟數學上的最佳化不會錯。但別忘了凱利公式推導的兩個假設條件：

1.　假設賭局可重複玩無限多次（可惜人生交易沒有天長地久）。

2.　假設賭金可無限分割（可惜萬物只有離散沒有連續）。

　　真實的人生是無法天長地久的，任何賭局或策略都會有結束或是失效的一天。因此實際的狀況是，某交易策略執行個 20 次、30 次、或是 100 次，再來可能就失效只好捨棄不用，不太可能像凱利法則的證明中所用到的，讓 T 跑到無窮大。

　　另一個重點是，凱利公式假設賭金可以無限分割。因此，只要不是全押（$f = 100\%$），在有利可圖又可玩無限多次的情況下，絕對留有本錢起死回生。以上兩點是凱利公式必須存在的天生假設，但卻與現實交易環境無法契合。這是實務操作與理論假設上很大的一個鴻溝。

3.7 借錢無罪，融資有理－何時可以用槓桿？

再來我們討論金融交易最迷人的一個議題－**槓桿**。根據凱利公式與前述章節證明，只有當勝率 $p = 100\%$ 時，最佳下注比例 f 才會等於 100%。不論勝率 p 或賠率 b 為多少，f 始終介於 $0\%\sim100\%$ 之間。換句話說，似乎不管任何情形，都不可能下注比例超過 100%。仔細想想這是合理的。因為傳統賭局輸的賠率為 100%，也就是下注的資金會全部賠光，如果勝率不是 100%，那就有輸的可能，一旦真的遇到輸的情況，這時你又將全部資金投注下去，哪怕是輸的機率很小，一旦發生，就是破產了。

所以傳統賭局無法全押的關鍵在於輸的賠率為 100%。那試想一個問題，如果今天輸的賠率不是 100%，而是 20%，試問下注比例 f 是否還是介於 0% 到 100% 之間？為了回答上述問題，我們開始引入「槓桿」的概念。讓我們將上述問題換個方式問：當輸的賠率為 20% 時，要用到幾倍槓桿，才有可能一次把自有資金全部輸光。答案很簡單，取輸的賠率的倒數，即為答案：

$$\frac{1}{20\%} = 5 \text{，也就是 5 倍槓桿}$$

簡單地說，5 倍槓桿意味著 1 塊錢當 5 塊錢用。因此，若是輸掉 5 塊錢的 20%，也就是 1 塊，那剛好就是你的本金，也就是輸掉 100% 的資金。因此，當輸的賠率為 20% 時，可下注比例的範圍從 $0\%\sim500\%$ 皆可考慮。這裡說的 500% 即是所謂的 5 倍槓桿！

根據上節計算的一般凱利公式，我們看下面幾個例子，也可觀察到其最佳下注比例的變化。

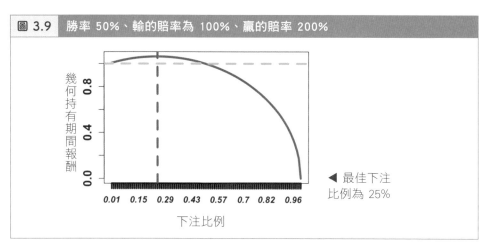

圖 3.9　勝率 50%、輸的賠率為 100%、贏的賠率 200%

◀ 最佳下注
比例為 25%

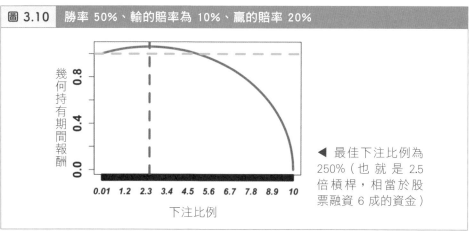

圖 3.10　勝率 50%、輸的賠率為 10%、贏的賠率 20%

◀ 最佳下注比例為
250%（也就是 2.5
倍槓桿，相當於股
票融資 6 成的資金）

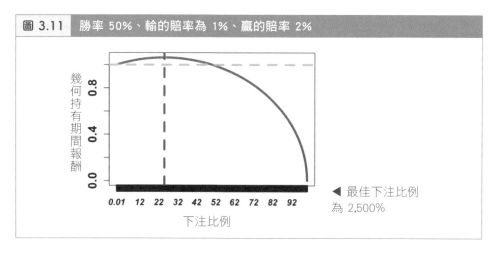

圖 3.11　勝率 50%、輸的賠率為 1%、贏的賠率 2%

◀ 最佳下注比例
為 2,500%

第3章

上面分別考慮到「贏的賠率」與「輸的賠率」。原本我們假設輸的賠率介於 0%~100% 之間，那輸的賠率是否可以大於 100%？當然可以！賭局規則是莊家訂的，賭客只是根據規則決定分析而已。

傳統我們考慮勝率 50%、賠率為 2 的銅板賭局，其實可以用 (-1，2) 來表示，嚴格地說應該寫成 (-100%，200%)。第一個分量為贏的賠率，第二個分量為輸的賠率。如果今天賭局改成 (-2，4)，亦或 (-200%，400%)，凱利公式又該如何？這樣的賭局代表著，你押 1 塊錢，一旦輸了，不僅押的 1 塊錢沒了，另外要再倒賠 1 塊錢，也就是總共輸了 2 塊錢；一旦贏了，則可以淨獲利 4 倍，也就是 4 塊錢。

事實上，前一節所推導出的公式，並沒有限定輸的賠率的範圍，因此可以直接將 $b_1 = 4$、$b_2 = -2$ 代進公式。可得：

$$f = \frac{50\% \times 4 - \left(1 - 50\%\right) \times 2}{2 \times 4} = \frac{1}{8}$$

所計算出的最佳下注比例為 $\frac{1}{8}$。當然，這樣賭局不僅不會有槓桿，其最大下注比例也只能用到總資金的一半（輸錢的賠率為 2），$\frac{1}{2} = 50\%$。也就是當下注 50% 時，萬一不幸輸了，那就是賠掉 50% × 2 = 100%，輸掉全部的資金。

3.8 算術平均報酬與幾何平均報酬

前面介紹的凱利法則，目的都是在讓資金成長最大化，主要是下注比例與最大化對數資金成長的推導結果。本節我們明確定義各類報酬的計算，包括算術平均報酬與幾何平均報酬。讓我們分別進行說明。

算術平均報酬

假設有一檔基金，今年獲利 20%、明年獲利 40%。要計算這檔基金的算術平均報酬非常簡單，只要將每年獲利相加並除以總年數即可，也就是 30%（ $= \dfrac{20\% + 40\%}{2}$ ）。

算術平均報酬是我們較熟悉的計算平均數的算法，可以想像成是各數值在空間上的平均。上述例子亦可想像成有兩檔基金 A 跟 B，分別在某一年度的報酬率為 20% 與 40%，則當年度兩檔基金的平均績效表現為 30%。事實上以評比績效來說，這樣算平均是沒太大意義的，因為這並不是投資者長期累計下來總資金的成長變化，只是代表某段時間的表現，一次性的結果而已。

若要考慮長期累計下來總資金的成長變化，我們應該考慮**每年資金變化的關聯性。也就是下一年的計算方式，應該與前一年的資金有所關聯，這也才會有複利的效果。**欲計算複利的報酬，讓我們來看看另一種用在時間序列上的計算方式，稱為**幾何平均報酬**。

幾何平均報酬

　　舉同個例子，假設有一檔基金，今年獲利 20%、明年獲利 40%，則兩個年次的累計報酬率為 68%（＝1.2×1.4－1）；年化報酬約為 29%$\left(= \sqrt[2]{1.2 \times 1.4} - 1 \right)$。

　　我們來比較上述算術平均報酬與幾何平均報酬兩種算法的差異。若以算術平均報酬來說，今年賺 20%、明年賺 40%，兩年平均是賺 30%；但若以幾何平均數計算年化報酬來看，是只賺了 29.6%。差別在於，第二年所用的基期不一樣，但事實是第二年的基期已有所成長，當然是用幾何平均報酬來計算較為合理，而在計算長期報酬上也較具有意義。

　　假設 $r_1, r_2, \dots r_N$ 代表某個策略或是商品分別在 N 年（或 N 個期間）的報酬率。也就是說若一開始本金為 1，則第一年結束後，資金會變為 $1 + r_1$；第二年結束後，資金會再成長為 $(1 + r_1)(1 + r_2)$，依此類推。而第 N 年後資金會變為：

$$\prod_{n=1}^{N} (1 + r_n)$$

　　因此，可定義幾何報酬率為上式開 N 次方根後扣掉本金 1：

$$\left(\prod_{n=1}^{N} (1 + r_n) \right)^{1/N} - 1$$

　　上面式子很直觀，事實上這類似於大家常說的**年複合成長率**（Compound Annual Growth Rate，CAGR），只不過 CAGR 是用一年為一個單位，這裡通化成時間週期。

我們來比較幾何平均報酬與算術平均報酬的差異。假設把 N 年的報酬率進行算術平均，則每年的算術平均報酬率為：

$$\frac{r_1 + r_2 + \ldots + r_N}{N}$$

但這並不代表每年的績效都是這樣的成長，會有高估的假象！事實上，幾何平均報酬率必定小於等於算術平均報酬率，也就是：

$$\left(\prod_{n=1}^{N} \left(1 + r_n \right) \right)^{1/N} - 1 \leq \frac{r_1 + r_2 + \ldots + r_N}{N}$$

證明如下：

令 $R_n = 1 + r_n$，根據算術幾何平均值不等式（**幾何平均數必定小於或等於算術平均數**），對於所有的正實數 R_n，我們可知：

$$\left(\prod_{n=1}^{N} R_n \right)^{1/N} \leq \frac{R_1 + R_2 + \ldots + R_N}{N}$$

我們得到：

$$\left(\prod_{n=1}^{N} \left(1 + r \right) \right)^{1/N} = \left(\prod_{n=1}^{N} R_n \right)^{1/N} \leq \frac{R_1 + R_2 + \ldots + R_N}{N}$$

又

$$\frac{R_1 + R_2 + \ldots + R_N}{N} = \frac{\left(1 + r_1 \right) + \left(1 + r_2 \right) + \ldots + \left(1 + r_N \right)}{N} = 1 + \frac{r_1 + r_2 + \ldots + r_N}{N}$$

故得證：

$$\left(\prod_{n=1}^{N}\left(1+r\right)\right)^{1/N} - 1 \le \frac{r_1 + r_2 + \ldots + r_N}{N}$$

上面討論算術平均報酬與幾何平均報酬的關係，是因為當分析任何一種交易策略績效表現，我們可用一段單位時間的損益報酬（包含已實現損益與未實現損益）去分析，例如一天、一週、一月、一季、或一年，也可能用逐次已實現損益結果去分析。但不管哪一種分析方式，我們從策略績效表現得到的數據，就是一筆一筆針對單位時間週期的報酬率 r_n。可能是 N 個連續時間點的報酬率，或是 N 個策略在同一個時間點的報酬率。不論是單一策略或策略組合，考慮到複利與本金變化影響，在 N 個連續時間點的整體資金成長報酬率是較為合理的。

3.9 | 持有期間報酬 (HPR) 與幾何持有期間報酬 (GHPR)

　　綜合前面小節所述，凱利下注報酬的計算，是以每次賭局為單位，採用複利計算的方式。每次下注 f 比例，贏的話是前一步的資金乘上 $1+bf$；輸的話是前一步資金乘上 $1-f$。在本節中，我們會定義兩種名稱來呈現資金成長，分別是**持有期間報酬** (Holding Period Return, HPR) 與**幾何持有期間報酬** (Geometric Holding Period Return, GHPR)。更詳細的解說，可參考 Ralph Vince 關於資金管理書籍的相關著作。

　　考慮勝率為 p、賠率為 b 的賭局玩 T 次。若每一次都下注 f 比例，由於賠率為 b，此意味著每次下注後的結果只有兩種。贏的時候資金成長為 $1+bf$；輸的時候資金縮減為為 $1-f$。**我們將每一步下注可能的結果，稱為持有期間報酬** (Holding Period Return, HPR)。換句話說，若玩 T 次，則共會有 T 個持有期間報酬 (HPR)。而 T 步（次）後賭局結束，整體的資金成長為 T 個 HPR 的乘積，我們將這乘積後的數值稱為**終端財富比較** (Terminal Wealth Relative, TWR)，意味著若視本金為 1 單位，最後資金共成長了 TWR 那麼多倍此外，由於這最後的資金成長 (TWR) 是經由 T 個 HPR 相乘，**我們亦可計算其幾何平均數，意味著每一步若都以前一步的資金作為基準，其幾何平均的資金成長。我們稱之為幾何持有期間報酬** (Geometirc Holding Period Return, GHPR)。TWR 與 GHPR 分別用下面公式示意：

$$TWR = \left(\prod_{t=1}^{T} HPR_t \right)$$

$$GHPR = TWR^{\frac{1}{T}}$$

舉例來說，勝率 50%、賠率為 2 的賭局玩 3 次，每次下注比例為 25%。結果為輸、贏、贏。則 3 次的持有期間報酬 (HPR) 分別為：

事件	HPR	HPR 計算
輸	HPR_1	1 - 25% = 0.75
贏	HPR_2	1 + 2 × 25% = 1.5
贏	HPR_3	1 + 2 × 25% = 1.5

則終端財富比較 TWR 計算為：

$$TWR = \left(\prod_{t=1}^{3} HPR_t \right) = 0.75 \times 1.5 \times 1.5 = 1.6875$$

連續玩 3 步後的結果，本金從資金 1 元成長到資金 1.6875 元，則幾何持有期間報酬為 $1.6875^{\frac{1}{3}} \cong 1.1906$，代表著平均來說，每一期的資金比上一期資金成長 1.1906 倍 (淨成長 0.1906 倍)，如下表格所示：

	本金	第 1 步	第 2 步	第 3 步 (TWR)
幾何平均資金增長	1	1 × 1.1906 = 1.1906	1.1906 × 1.1906 ≅ 1.4174	1.4174 × 1.1906 ≅ 1.6875
實際資金增長	1	1 × 0.75 = 0.75	0.75 × 1.5 = 1.125	1.125 × 1.5 = 1.6875

可觀察到資金成長的變化，若用 GHPR 所代表的 1.1906 當作每一步的資金成長，則到第三步最後的資金，與實際資金成長會一樣，都是 1.6875。

3.10 幾何持有期間報酬的算術平均數：期望平均複合成長 (EACG)

　　上一小節末的例子，我們計算的是賭局玩 3 步下，某一種路徑（輸、贏、贏）的幾何持有期間報酬 (GHPR)。然而，實際的路徑會有多種可能，以連續玩 T 步的賭局來說，由於每一步都有兩種可能結果（輸、贏），故有 2^T 種可能路徑。若要計算每一種路徑的幾何持有期間報酬，由於賭局步數的變數 T 處於指數位置，隨著 T 的放大，那將會是非常驚人的計算量。**所幸要計算每一種路徑的幾何持有期間報酬，我們只需將這 2^T 種可能路徑進行適當分類即可**。在賭局玩 T 步的前提下，若用輸贏次數做分類，那只有 $T+1$ 種分類結果，如下：

分類	1	2	…	T + 1
可能結果	贏 T 次、輸 0 次	贏 T－1次、輸 1 次	…	贏 0 次、輸 T 次

　　有了上述的分類，我們便可分別計算每一種可能結果的終端財富比較 (TWR)，只需將 HPR 相乘起來即可。整理表格如下：

可能結果	持有期間報酬 (HPR)	HPR 次數	終端財富比較 (TWR)
贏 T 次 輸 0 次	$(1+bf)$ $(1-f)$	T 0	$(1+bf)^T (1-f)^0$
贏 T－1次 輸 1 次	$(1+bf)$ $(1-f)$	$T-1$ 1	$(1+bf)^{T-1} (1-f)^1$
…	…	…	…
贏 k 次 輸 T－k 次	$(1+bf)$ $(1-f)$	k $T-k$	$(1+bf)^k (1-f)^{T-k}$
…	…	…	…

接下頁

可能結果	持有期間報酬 (HPR)	HPR 次數	終端財富比較 (TWR)
贏 1 次 輸 T－1 次	$(1+bf)$	1	$(1+bf)^1(1-f)^{T-1}$
	$(1-f)$	$T-1$	
贏 0 次 輸 T 次	$(1+bf)$	0	$(1+bf)^0(1-f)^T$
	$(1-f)$	T	

　　將上述每種可能結果的終端財富比較 (TWR) 開 T 次方根，即可得到每種結果的幾何平均持有報酬 (GHPR)。**此代表著每玩一步，在此可能結果下預期的資金成長。**

　　進而，若欲計算在此賭局玩 T 步下，平均每一步的預期資金成長為多少？ 我們或許可用算術平均數的概念去表示每一步的預期資金成長。首先需計算每一種可能結果發生的機率，接著將其進行算術平均數。根據二項式機率分佈，我們整理表格如下：

可能結果	發生機率	終端財富比較 (TWR)	幾何持有期間報酬 (GHPR)
贏 T 次 輸 0 次	$C_0^T p^T(1-p)^0$	$(1+bf)^T(1-f)^0$	$(1+bf)^{\frac{T}{T}}(1-f)^{\frac{0}{T}}$
贏 T－1 次 輸 1 次	$C_1^T p^{T-1}(1-p)^1$	$(1+bf)^{T-1}(1-f)^1$	$(1+bf)^{\frac{T-1}{T}}(1-f)^{\frac{1}{T}}$
…	…	…	…
贏 k 次 輸 T－k 次	$C_k^T p^k(1-p)^{T-k}$	$(1+bf)^k(1-f)^{T-k}$	$(1+bf)^{\frac{k}{T}}(1-f)^{\frac{T-k}{T}}$
…	…	…	…
贏 1 次 輸 T－1 次	$C_{T-1}^T p^1(1-p)^{T-1}$	$(1+bf)^1(1-f)^{T-1}$	$(1+bf)^{\frac{1}{T}}(1-f)^{\frac{T-1}{T}}$
贏 0 次 輸 T 次	$C_T^T p^0(1-p)^T$	$(1+bf)^0(1-f)^T$	$(1+bf)^{\frac{0}{T}}(1-f)^{\frac{T}{T}}$

由以上表格可得知，每一種可能結果的 GHPR 發生都伴隨著機率。因此，我們可以計算上述 $T+1$ 種 GHPR 的算術平均數。此意味著這場賭局若玩 T 次，平均而言，每一步的資金成長，又稱為期望平均複合成長 (Expected Average Compound Growth, EACG)。

> **注意！** 這裡的**平均而言**指的是算術平均數。

整理計算如下：

$$\sum_{k=0}^{T} C_k^T\, p^k \left(1-p\right)^{T-k} \times \left(\left(\left(1+bf\right)^k \left(1-f\right)^{T-k} \right)^{\frac{1}{T}} \right)$$

$$= \sum_{k=0}^{T} C_k^T\, p^k \left(1-p\right)^{T-k} \times \left(\left(1+bf\right)^{\frac{k}{T}} \left(1-f\right)^{\frac{T-k}{T}} \right)$$

$$= \sum_{k=0}^{T} C_k^T \left(p\left(1+bf\right)^{\frac{1}{T}} \right)^k \left(\left(1-p\right)\left(1-f\right)^{\frac{1}{T}} \right)^{T-k}$$

$$= \left(p\left(1+bf\right)^{\frac{1}{T}} + \left(1-p\right)\left(1-f\right)^{\frac{1}{T}} \right)^T$$

上述推導結果是玩 T 次後，算術平均於每一種可能結果的幾何持有期間報酬。事實上我們已經看過這個式子，即前面提到的期望平均複合成長。公式總結如下：

$$\mathrm{EACG}_{p,b,T}\left(f\right) = \sum_{k=0}^{T} C_k^T \, p^k \left(1-p\right)^{T-k} \times \left(\left(1+bf\right)^k \left(1-f\right)^{T-k}\right)^{\frac{1}{T}}$$

$$= \left(p\left(1+bf\right)^{\frac{1}{T}} + \left(1-p\right)\left(1-f\right)^{\frac{1}{T}} \right)^{T}$$

我們對上面期望平均複合成長的公式做一個結論：考慮勝率為 p、賠率為 b 的賭局，若玩 T 步且每一步都下注 f 比例，平均來說每一步的資金成長期望值為：

$$\left(p\left(1+bf\right)^{\frac{1}{T}} + \left(1-p\right)\left(1-f\right)^{\frac{1}{T}} \right)^{T}$$

由於是用算術平均數做的計算，這意味著假如有 N 個人同時玩這場賭局，且都下注 f 比例玩 T 步，則在每一步中把每一個人的資金成長進行算術平均，隨著 N 越大，越會接近 $\mathrm{EACG}_{p,b,T}\left(f\right)$。

接下來，讓我們來討論要選取怎麼樣的下注比例 f，才能夠讓 EACG 最大化。

3.11 | 最大化期望平均複合成長

在上一節中,我們推導出玩 T 步,每一步的資金成長期望值–期望平均複合成長 (EACG)。不知道你會不會好奇,什麼樣的下注比例 f,才會使得每一步的 EACG 最大呢?我們可以把這個問題用下面方程式來表示。換句話說,現在欲找出一個最佳下注比例 f^*,滿足:

$$f^* = \underset{f}{\mathrm{argmax}} \left(p\left(1+bf\right)^{\frac{1}{T}} + \left(1-p\right)\left(1-f\right)^{\frac{1}{T}} \right)^{T}$$

一個最簡單的方式,就是使用程式模擬的方式,試著將不同的下注比例:$f = 1\%$、$f = 2\%$、...、$f = 100\%$ 代入到式子中。但注意到,上式是指「每玩一步」的資金成長期望值,但賭局整場下來是玩了 T 步。因為是複利成長,我們可將上面式子直接 T 次方表示 T 步後的資金成長期望值,也就是:

$$\left(p\left(1+bf\right)^{\frac{1}{T}} + \left(1-p\right)\left(1-f\right)^{\frac{1}{T}} \right)^{T^2}$$

我們整理定理:

● **定理:**

勝率為 p、賠率為 b 的賭局玩 T 次,下注 f 比例。

• 則每一步資金成長期望值為:

$$\left(p\left(1+bf\right)^{\frac{1}{T}} + \left(1-p\right)\left(1-f\right)^{\frac{1}{T}} \right)^{T}$$

- 玩 T 次後的資金成長期望值為：

$$\left(p\left(1+bf\right)^{\frac{1}{T}} + \left(1-p\right)\left(1-f\right)^{\frac{1}{T}} \right)^{T^2}$$

為了更好理解，讓我們舉以下幾個範例來說明。

- 若賭局 $p = 0.5$、$b = 2$、$T = 1$，可計算得資金成長期望值為：

$$\left(p\left(1+bf\right)^{\frac{1}{T}} + \left(1-p\right)\left(1-f\right)^{\frac{1}{T}} \right)^{T^2}$$

$$= \left(0.5\left(1+2f\right)^{\frac{1}{1}} + 0.5\left(1-f\right)^{\frac{1}{1}} \right)^{1} = 1 + 0.5f$$

欲最大化上述資金成長期望值，可求解為 $f = 100\%$，期望值為 1.5。

- 若賭局 $p = 0.5$、$b = 2$、$T = 2$，可計算得資金成長期望值為：

$$\left(p\left(1+bf\right)^{\frac{1}{T}} + \left(1-p\right)\left(1-f\right)^{\frac{1}{T}} \right)^{T^2}$$

$$= \left(0.5\left(1+2f\right)^{\frac{1}{2}} + 0.5\left(1-f\right)^{\frac{1}{2}} \right)^{4}$$

欲最大化上述資金成長期望值，可求解為 $f = 50\%$，期望值約為 1.265625。

- 若賭局 $p = 0.5$、$b = 2$、$T = 3$，可計算得資金成長期望值為：

$$\left(p\left(1+bf\right)^{\frac{1}{T}} + \left(1-p\right)\left(1-f\right)^{\frac{1}{T}} \right.$$

$$= \left(0.5\left(1+2f\right)^{\frac{1}{3}} + 0.5\left(1-f\right)^{\frac{1}{3}} \right)^{9}$$

欲最大化上述資金成長期望值，可求解為 $f = 37.87\%$，期望值為 1.305142。

下圖為針對勝率 50%、賠率為 2 的賭局，在 $T = 1$、2、$\cdots$、20 步下，不同下注比例下的資金成長期望值。其中，橫軸為下注比例 1%、2%、$\cdots$、100%，縱軸為期望平均複合成長 (EACG)。

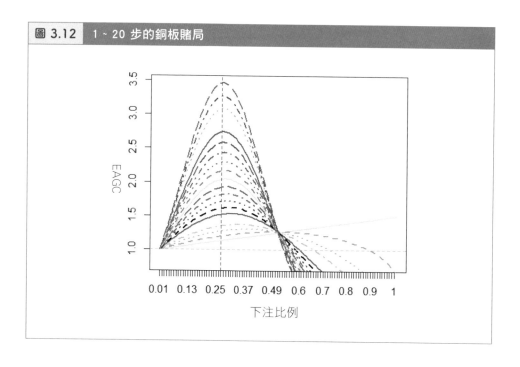

圖 3.12　1 ~ 20 步的銅板賭局

上圖的結果我們亦列在下表，20 場不同局數下，最佳下注比例與期望平均複合成長 (EACG)。

局數	最佳下注比例	GHPR 平均資金期望值
1	100%	1.500000
2	50%	1.265625
3	37.87%	1.305142
4	33.63%	1.370895
5	31.48%	1.446916
6	30.19%	1.530140
7	29.33%	1.619743
8	28.71%	1.715561
9	28.25%	1.817690
10	27.89%	1.926352
11	27.60%	2.041849
12	27.36%	2.164531
13	27.17%	2.294792
14	27.00%	2.433061
15	26.86%	2.579802
16	26.73%	2.735513
17	26.62%	2.900726
18	26.53%	3.076007
19	26.44%	3.261959
20	26.37%	3.459224

從上表可以觀察到，在有限次步數下，玩 $T = 1 \cdot 2 \cdot ... \cdot 20$ 的最佳下注比例分別為從 $f^* = 100\%$、$f^* = 50\%$、$f^* = 37.87\%$、…漸漸地逼近凱利公式的最佳下注比例，也就是 $f^* = 25\%$。**可推測當 $T = \infty$ 時，最佳下注比例才會趨近於凱利公式所計算的 25%。**

上面實驗結果顯示，EACG 的資金成長期望值，其在有限次數下的最佳下注比例，會隨著下注次數越大，其最佳下注比例也會趨近於凱利公式的最佳下注比例。我們用下面定理證明這件事。

● **定理**：

試證明當 $T \to \infty$，達到 EACG 最大值的最佳下注比例等同於凱利最佳下注比例，也就是：

$$\underset{f}{\operatorname{argmax}} \lim_{T \to \infty} \left(p\left(1+bf\right)^{\frac{1}{T}} + \left(1-p\right)\left(1-f\right)^{\frac{1}{T}} \right)^{T} = \frac{p\left(1+b\right)-1}{b}$$

● **證明**：

我們欲找出什麼樣的 f 值會使得 $\left(p\left(1+bf\right)^{\frac{1}{T}} + \left(1-p\right)\left(1-f\right)^{\frac{1}{T}} \right)^{T}$ 產生最大值。

令 $h\left(f\right) = \left(p\left(1+bf\right)^{\frac{1}{T}} + \left(1-p\right)\left(1-f\right)^{\frac{1}{T}} \right)^{T}$，將 $h(f)$ 取 log 後得：

$$\log h\left(f\right) = T \log\left(p\left(1+bf\right)^{\frac{1}{T}} + \left(1-p\right)\left(1-f\right)^{\frac{1}{T}} \right)$$

函數 $h(f)$ 的最大值發生點亦會是函數 $log\ h(f)$ 最大值的發生點。也就是：

$$\underset{f}{\operatorname{argmax}} h\left(f\right) = \underset{f}{\operatorname{argmax}} \log h\left(f\right)$$

因為要求其極值，我們將函數 $log\ h(f)$ 對 f 微分且令其為 0，也就是：

$$\frac{d}{df} \log h\left(f\right) = 0$$

上述式子可得：

$$T\frac{\dfrac{p}{T}\left(1+bf\right)^{\frac{1}{T}-1}\times b+\dfrac{1-p}{T}\left(1-f\right)^{\frac{1}{T}-1}\times\left(-1\right)}{p\left(1+bf\right)^{\frac{1}{T}}+\left(1-p\right)\left(1-f\right)^{\frac{1}{T}}}=0$$

整理化簡後得：

$$\frac{pb\left(1+bf\right)^{\frac{1}{T}-1}-\left(1-p\right)\left(1-f\right)^{\frac{1}{T}-1}}{p\left(1+bf\right)^{\frac{1}{T}}+\left(1-p\right)\left(1-f\right)^{\frac{1}{T}}}=0$$

引理證明

為了化簡先前的式子，我們先證明下面 Lemma。

- **引理 (Lemma)：**

  對於所有 $b>0$，$0\leq f\leq 1$，我們有：

$$\lim_{T\to\infty}\left(1+bf\right)^{\frac{1}{T}}=\lim_{T\to\infty}\left(1-f\right)^{\frac{1}{T}}=1$$

- **證明：**

  因為 $b>0$ 且 $0\leq f\leq 1$，可推得：

$$1<1+bf<1+b\text{ 且 }0<1-f<1$$

接下頁

將其開 T 次方根且讓 $T \to \infty$，可得：

$$\lim_{T \to \infty} \left(1\right)^{\frac{1}{T}} < \lim_{T \to \infty} \left(1 + bf\right)^{\frac{1}{T}} < \lim_{T \to \infty} \left(1 + b\right)^{\frac{1}{T}}$$

由於上式左邊極限值為 1，最右式極限值亦為 1，根據**夾擠定理**，可知：

$$\lim_{T \to \infty} \left(1 + bf\right)^{\frac{1}{T}} = 1$$

同理，因為 $0 < 1 - f < 1$，將其開 T 次方根且讓 $T \to \infty$，我們得到：

$$\lim_{T \to \infty} \left(0\right)^{\frac{1}{T}} < \lim_{T \to \infty} \left(1 - f\right)^{\frac{1}{T}} < \lim_{T \to \infty} \left(1\right)^{\frac{1}{T}}$$

左式的極限為 1，右式的極限亦為 1，根據**夾擠定理**，可得：

$$\lim_{T \to \infty} \left(1 - f\right)^{\frac{1}{T}} = 1$$

此 Lemma 得證。

根據上述 Lemma，我們可設定 $\lim_{T \to \infty} \left(1 + bf\right)^{\frac{1}{T}} = \lim_{T \to \infty} \left(1 - f\right)^{\frac{1}{T}} = 1$。因此。原式取 $T \to \infty$ 後，化簡如下：

$$= \lim_{T \to \infty} \frac{pb \times \left(1 + bf\right)^{\frac{1}{T} - 1} - \left(1 - p\right) \times \left(1 - f\right)^{\frac{1}{T} - 1}}{p\left(1 + bf\right)^{\frac{1}{T}} + \left(1 - p\right)\left(1 - f\right)^{\frac{1}{T}}}$$

$$= \frac{pb \times \lim_{T \to \infty}\left(1 + bf\right)^{\frac{1}{T} - 1} - \left(1 - p\right) \times \lim_{T \to \infty}\left(1 - f\right)^{\frac{1}{T} - 1}}{p \times \lim_{T \to \infty}\left(1 + bf\right)^{\frac{1}{T}} + \left(1 - p\right) \times \lim_{T \to \infty}\left(1 - f\right)^{\frac{1}{T}}}$$

$$= \frac{pb \times \left(1 + bf\right)^{-1} - \left(1 - p\right) \times \left(1 - f\right)^{-1}}{p + \left(1 - p\right)}$$

$$= \frac{pb\left(1 - f\right) - \left(1 - p\right)\left(1 + bf\right)}{\left(1 + bf\right)\left(1 - f\right)}$$

令上式為 0：

$$\frac{pb\left(1 - f\right) - \left(1 - p\right)\left(1 + bf\right)}{\left(1 + bf\right)\left(1 - f\right)} = 0$$

我們得：

$$pb\left(1 - f\right) - \left(1 - p\right)\left(1 + bf\right)$$

$$= pb - 1 - bf + p$$

$$= 0$$

解方程式後得：

$$f = \frac{p\left(1 + b\right) - 1}{b}$$

即為凱利公式，故得證。

第4章

有限人生的無奈 —
賭徒的風險

在本章中，我們會開始討論**有限次賭局**，標題是有限人生的無奈。既然是無奈，談到的當然是「風險」。前面章節介紹了凱利法則，然而推導凱利公式的過程中，我們假設玩了無窮多次，才會讓輸贏次數逼近機率的大數法則，這與實際的生活是不一樣的。**不論是賭場中的賭局、金融市場的交易，肯定是玩有限次數的，畢竟每個人都是有限生命的人生。**所以，接下來我們會深入探討，在所謂的凱利最佳化比例下，遇到有限次的賭局或是交易，會帶來與理論上預期結果什麼樣的不同。

4.1　凱利賭徒在有限次賭局的賠錢機率

本節目的：

1. **定義最小賠錢次數。**

2. **理論計算凱利賭徒在有限次賭局下的賠錢機率。**

考慮一場勝率 50%、賠率為 2 的賭局。我們在前一章證明了每次都押 25% 資金比例為最佳的下注方法。這裡所謂的「最佳」指的是長期下來資金成長最快速，能夠獲得最高的期望資金。但根據前述公式推導，有一個非常重要的假設，就是在玩**無限多次**的情況下，才能計算出 25% 這個數字，讓報酬最大化。

然而，**任何一場遊戲、賭局、或是交易策略都不可能玩無限次。**以實際情況來說，玩個 10 次、30 次、50 次、或是高達 100 次，已經算很難得了！於是，我們想知道用勝率 50%、賠率為 2 的賭局，用凱利比例

25% 下注，玩 10 次後的可能結果，輸贏分佈的表現。事實上在這邊，可以窮舉所有可能的結果。玩 10 次的結果列舉如下：

輸贏次數	發生機率	資金成長
贏 0 次、輸 10 次	$C_0^{10}\left(\dfrac{1}{2}\right)^0\left(\dfrac{1}{2}\right)^{10}=\dfrac{1}{1024}=0.1\%$	$(1-25\%)^{10}\cong 0.06$
贏 1 次、輸 9 次	$C_1^{10}\left(\dfrac{1}{2}\right)^1\left(\dfrac{1}{2}\right)^9=\dfrac{10}{1024}=0.98\%$	$(1+2\times 25\%)^1(1-25\%)^9\cong 0.11$
贏 2 次、輸 8 次	$C_2^{10}\left(\dfrac{1}{2}\right)^2\left(\dfrac{1}{2}\right)^8=\dfrac{45}{1024}=4.39\%$	$(1+2\times 25\%)^2(1-25\%)^8\cong 0.23$
贏 3 次、輸 7 次	$C_3^{10}\left(\dfrac{1}{2}\right)^3\left(\dfrac{1}{2}\right)^7=\dfrac{120}{1024}=11.72\%$	$(1+2\times 25\%)^3(1-25\%)^7\cong 0.45$
贏 4 次、輸 6 次	$C_4^{10}\left(\dfrac{1}{2}\right)^4\left(\dfrac{1}{2}\right)^6=\dfrac{210}{1024}=20.51\%$	$(1+2\times 25\%)^4(1-25\%)^6\cong 0.9$
贏 5 次、輸 5 次	$C_5^{10}\left(\dfrac{1}{2}\right)^5\left(\dfrac{1}{2}\right)^5=\dfrac{252}{1024}=24.61\%$	$(1+2\times 25\%)^5(1-25\%)^5\cong 1.80$
贏 6 次、輸 4 次	$C_6^{10}\left(\dfrac{1}{2}\right)^6\left(\dfrac{1}{2}\right)^4=\dfrac{210}{1024}=20.51\%$	$(1+2\times 25\%)^6(1-25\%)^4\cong 3.60$
贏 7 次、輸 3 次	$C_7^{10}\left(\dfrac{1}{2}\right)^7\left(\dfrac{1}{2}\right)^3=\dfrac{120}{1024}=11.72\%$	$(1+2\times 25\%)^7(1-25\%)^3\cong 7.21$
贏 8 次、輸 2 次	$C_8^{10}\left(\dfrac{1}{2}\right)^8\left(\dfrac{1}{2}\right)^2=\dfrac{45}{1024}=4.39\%$	$(1+2\times 25\%)^8(1-25\%)^2\cong 14.42$
贏 9 次、輸 1 次	$C_9^{10}\left(\dfrac{1}{2}\right)^9\left(\dfrac{1}{2}\right)^1=\dfrac{10}{1024}=0.98\%$	$(1+2\times 25\%)^9(1-25\%)^1\cong 28.83$
贏 10 次、輸 0 次	$C_{10}^{10}\left(\dfrac{1}{2}\right)^{10}\left(\dfrac{1}{2}\right)^0=\dfrac{1}{1024}=0.1\%$	$(1+2\times 25\%)^{10}\cong 57.67$

第 4 章

　　上述整理所有可能輸贏結果的過程。可以發現，當累積到贏 5 次後，則確定會獲利了（報酬 > 1），也就是只要輸 6 次以上，那就一定會賠錢。因此，可以統計賠錢的機率，也就是恰好只贏 0 次、贏 1 次、贏 2 次、贏 3 次、贏 4 次的機率和，計算如下：

$$\sum_{k=0}^{4} C_k^{10} \left(\frac{1}{2}\right)^k \left(\frac{1}{2}\right)^{10-k} = \frac{1+10+45+120+210}{1024} \cong 37.695\%$$

　　換句話說，就算我們用了所謂的最佳下注比例 25%，進行 10 次賭局，結果竟然約有 37.6% 的機率是會賠錢的！而資金掉到一半以下的機率為：

$$\sum_{k=0}^{3} C_k^{10} \left(\frac{1}{2}\right)^k \left(\frac{1}{2}\right)^{10-k} = \frac{1+10+45+120}{1024} \cong 17.188\%$$

　　可以發現，甚至有約 17% 的機率，資金會剩不到 45%，也就是虧損竟然高達 55% 或以上。這個結果所承受的風險，我相信大部分投資者是不能接受的。

　　然而，這卻是凱利公式所計算出來的最佳比例，可見在實務上，「有限次」所帶來的影響，與我們所習慣的資金成長最大化所使用的凱利法則，是有明顯差異的。於是，在本章中我們會討論有限次的賭局，在實務運用上所帶來的影響，以及其與下注比例的關係。

　　考慮到更一般的情況。有一場勝率為 p、賠率為 b 的賭局玩 T 次，若用凱利公式計算出的最佳比例進行下注。則此賭局玩 T 次後賠錢的機率為：

$$\sum_{k=0}^{T-L} C_k^T p^k (1-p)^{T-k}$$

> **Tip** 在以上式子中，我們定義 L 為：在賭局玩 T 次的過程中，只要累計輸 L 次以上（含 L）便註定賠錢。

我們稱 L 為最小賠錢次數，定義如下：

$$L = \underset{l}{\mathrm{argmin}}\left\{\left(1+bf^*\right)^{T-l}\left(1-f^*\right)^l \le 1\right\}$$

其中 $f^* = \dfrac{p(1+b)-1}{b}$。也就是在玩 T 次的過程中，只要輸 L 次，那最後的資金必定小於 1（賠錢）。關於最小賠錢次數，我們有以下定理。

● **定理：**

考慮勝率為 p、賠率為 b 的賭局玩 T 次，若 L 為最小賠錢次數，滿足運用凱利比例下注後，賠錢（含不賺不賠）機率為：

$$\sum_{k=0}^{T-L} C_k^T\, p^k\left(1-p\right)^{T-k}$$

則

$$L = T\,\frac{\log(p)+\log(1+b)}{\log(p)-\log(1-p)+\log(b)}$$

● **證明：**

玩 T 次的賭局，假設輸了 l 次，贏了 $T-l$ 次，將凱利公式 $f^* = \dfrac{p(1+b)-1}{b}$ 代入玩 T 次後的資金成長，可以得到下面式子：

$$\left(1+bf^*\right)^{T-l}\left(1-f^*\right)^l = \left(1+b\times\frac{p\left(1+b\right)-1}{b}\right)^{T-l}\left(1-\frac{p\left(1+b\right)-1}{b}\right)^l$$

$$= \left(p\left(1+b\right)\right)^{T-l}\left(\frac{1+b}{b}\left(1-p\right)\right)^l$$

令 L 滿足：

$$L = \operatorname*{argmin}_{l}\left\{\left(1+bf^*\right)^{T-l}\left(1-f\right)^l \le 1\right\}$$

也就是說，輸 L 次、贏 $T-L$ 次會賠錢；但輸 $L-1$ 次、贏 $T-L$ +1 次會獲利。我們可令上式小於 1（代表賠錢），如下：

$$\left(p\left(1+b\right)\right)^{T-L}\left(\frac{1+b}{b}\left(1-p\right)\right)^L < 1$$

為求解上式得出 L 的上界，我們將上式取 log 函數，得：

$$\left(T-L\right)\log\left(p\left(1+b\right)\right)+L\log\left(\frac{1+b}{b}\left(1-p\right)\right) < 0$$

整理後得：

$$T\log\left(p\left(1+b\right)\right)+L\left(\log\left(\frac{1+b}{b}\left(1-p\right)\right)-\log\left(p\left(1+b\right)\right)\right)$$

$$= T\log\left(p\left(1+b\right)\right)+L\left(\log\left(\frac{\frac{1+b}{b}\left(1-p\right)}{p\left(1+b\right)}\right)\right)$$

$$= T \log \big(p \left(1 + b \right) \big) + L \log \left(\frac{1-p}{pb} \right) < 0$$

因此，

$$L < \frac{-T \log \big(p \left(1 + b \right) \big)}{\log \left(\dfrac{1-p}{pb} \right)} = T \frac{\log \left(p \right) + \log \left(1 + b \right)}{\log \left(p \right) - \log \left(1 - p \right) + \log \left(b \right)}$$

因為 L 代表輸的次數，必為整數，令

$$L = T \frac{\log \left(p \right) + \log \left(1 + b \right)}{\log \left(p \right) - \log \left(1 - p \right) + \log \left(b \right)}$$

因此，在玩 T 次的賭局中，若輸超過 L 次則註定賠錢。因此賠錢的機率為贏 0 次的機率、贏 1 次的機率、…、贏 $T - L$ 次的機率總和，如下：

$$\sum_{k=0}^{T-L} C_k^T \, p^k \left(1 - p \right)^{T-k}$$

得證。

由於 L 為最小賠錢次數，我們會希望其值越大越好，因為 L 越大，代表可允許輸的次數越多，也就越不容易發生。根據上述 L 的公式，不論是勝率 p，或是賠率 b，都與 log 相關，且在同一場賭局下已為常數，只有玩的次數 T 是完全線性的。換句話說，**當 T 夠大時，L 會取決於 T 的變化跟著線性成長，也就是 L 最後會被 T 所主導**。這相當合乎邏輯，畢竟此賭局為有利可圖，凱利賭徒的假設本來就是在可以玩無限多次的情況下，報酬最大化。而當玩的次數越多，最後結果賠錢的機率當然也就越低。

4.2 凱利賭徒在有限次賭局的報酬分佈 (情境模擬)

本節目的：

1. **模擬在有限賭局下，凱利下注會承受相當大的賠錢風險。**

2. **在凱利比例下，隨著交易次數變多，賠錢機率會跟著降低。**

在上節中，我們討論了在有限次數下，凱利賭徒的賠錢機率。然而，賠錢可能是大賠或是小賠。**以實務的觀點來說，我們當然允許有較大的機率是賠小錢，但換回來的是幾次高報酬的機會。**因此，若要更嚴謹的分析，應該考慮**可能損益的機率分佈**。

讓我們來討論另一個問題：**勝率為 p、賠率為 b 的賭局玩 T 次，試問在凱利下注比例下的損益分佈，其表現為何？**在這邊，我們會用蒙地卡羅的方式來模擬並回答這個問題。

> **Tip** 就實務考量，參數 T 的設定如下：T = 12、25、50，分別為四組時間週期參數。這意味著實務上的策略，若以每週為一個週期做為計算，可能分別以一季 12 週、半年約 25 週、一年約 50 週為一個檢核週期。

考量可能的策略型態以及其大約的賠率與勝率，如右表所示：

策略型態	勝率 (p)	賠率 (b)	檢核週期 (T)
選擇權買方	30%	3	12、25、50
選擇權賣方	60%	1	12、25、50
期貨波段	40%	2	12、25、50
期貨當沖	55%	1	12、25、50

　　針對上述四種型態的策略，因為已經固定勝率與賠率，我們可計算其
凱利下注比例。首先來看最後一個**期貨當沖**策略，我們以勝率 55%，賠率
設定為 1，先模擬 12 期為例，期望值為：

$$55\% \times 1 + 45\% \times (-1) = 0.1 > 0$$

此為正期望值賭局。其凱利公式所計算出的最佳下注比例為：

$$\frac{55\% \times (1+1) - 1}{1} = \frac{0.1}{1} \cong 10\%$$

　　以此比例下注 12 次，並重複模擬 100,000 個回合，我們可得到
100,000 個最終報酬率，其分佈如下：

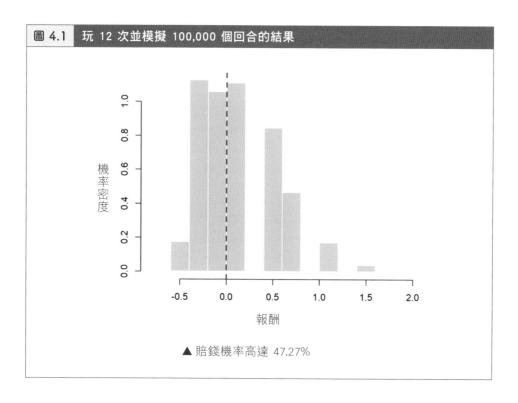

圖 4.1　玩 12 次並模擬 100,000 個回合的結果

▲ 賠錢機率高達 47.27%

我們將上述模擬資料的敘述統計整理如下：

	最小值	第 1 分位 (Q1)	平均值	中位數	第 3 分位 (Q3)	最大值
報酬率	-0.7176	-0.2297	0.1270	0.1507	0.4064	2.1384

以此次例子來看，可以觀察到，其賠錢機率高達 47.27%。而平均值與中位數約落在 12% ~ 15% 左右。我們以上面四分位數做區分，分別計算其每一分位區間的機率：

報酬區間	≦ -0.230	(-0.230, 0]	(0, 0.151]	(0.151, 0.406]	0.406 <
機率	11.37%	35.90%	22.10%	0%	30.63%

可觀察到中位數到第三分位數之間，其機率值為 0。這是因為**此為離散事件的賭局**，在 $p = 55\%$、$b = 1$、$T = 12$ 的確定條件下，其最終報酬不可能落在 0.151 ~ 0.406 之間，這點我們亦可從上面報酬分佈圖看出。

Tip 讀者可以試著算看看，在 $p = 55\%$、$b = 1$、$T = 12$ 的賭局中，計算不同輸贏次數下的最終資金 $(1 + bf)^k (1 - f)^{T-k}$。其中，k 為獲勝次數。可以發現最終資金只會有以下 13 種可能：

k (獲勝次數)	0	1	…	7	8	9	10	11	12
最終資金	0.2824	0.3452	…	1.1507	1.4064	1.7189	2.1009	2.5678	3.1384

由此可知，在這個條件下，不管模擬一萬次還是十萬次，最終報酬都不可能落在 0.151 ~ 0.406 區間內。

接下來，我們針對上述提到的四種情境進行模擬，並分別考慮 $T =$ 12、25、50 三個週期，目的在於觀察各種情境下，輸的機率與玩的次數之間的關係。

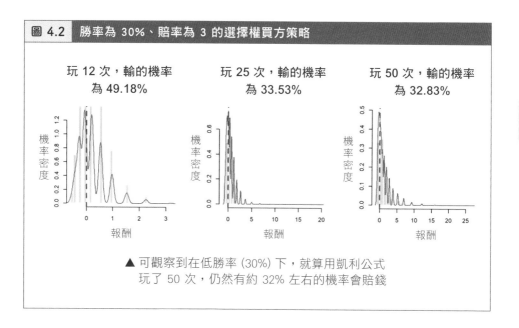

圖 4.2　勝率為 30%、賠率為 3 的選擇權買方策略

玩 12 次，輸的機率
為 49.18%

玩 25 次，輸的機率
為 33.53%

玩 50 次，輸的機率
為 32.83%

▲ 可觀察到在低勝率 (30%) 下，就算用凱利公式
玩了 50 次，仍然有約 32% 左右的機率會賠錢

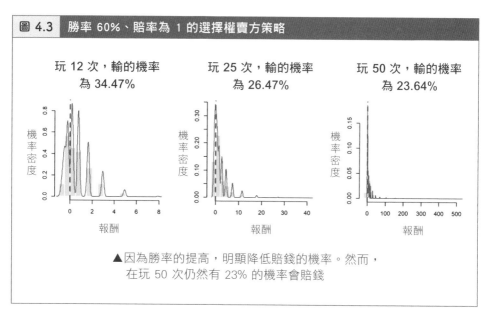

圖 4.3　勝率 60%、賠率為 1 的選擇權賣方策略

玩 12 次，輸的機率
為 34.47%

玩 25 次，輸的機率
為 26.47%

玩 50 次，輸的機率
為 23.64%

▲因為勝率的提高，明顯降低賠錢的機率。然而，
在玩 50 次仍然有 23% 的機率會賠錢

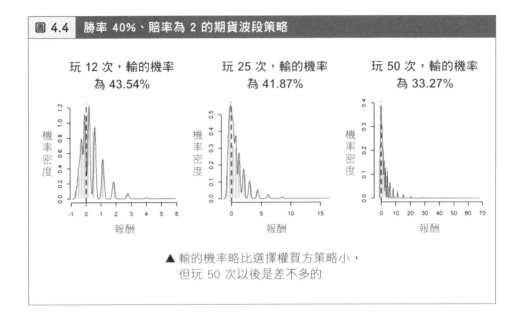

▲ 輸的機率略比選擇權買方策略小，
　但玩 50 次以後是差不多的

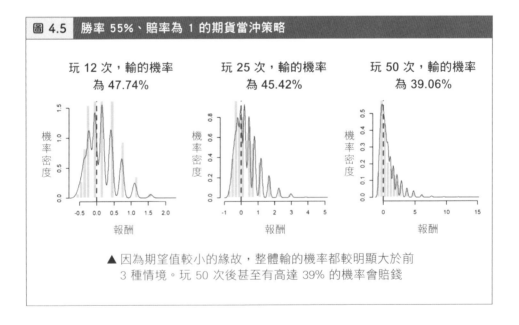

▲ 因為期望值較小的緣故，整體輸的機率都較明顯大於前
　3 種情境。玩 50 次後甚至有高達 39% 的機率會賠錢

在上述四種情境中，最後結局是賠錢的機率都不低。然而，我們可以發現一個共同特徵，那便是不論在哪一種情境，**玩越多次賠錢的機率就越低**。這裡是拿賭局比喻做交易，但人生是否有那麼多次交易的機會？對一般的交易部門來說，一個交易員可能 1 ~ 3 個月就要被檢核一次績效，若表現不佳，或許就會捲鋪蓋走人。凱利理論與實務運用的最大鴻溝是，凱利假設人生可以天長地久，只要本金不滅，便有東山再起的一天。但實際的人生是有限的，交易機會更是有限的少，那怕是 100 次、1,000 次、10,000 次交易機會，這「有限」的限制，便與我們在計算最佳化時假設可以玩無限次相比，存在嚴重的差異！這個問題我們後面章節會再討論。

以上的實驗可看出，我們用報酬最佳化計算出來的凱利比例，若實際運用在金融交易策略上，仍隱含著相當大的風險，至少賠錢的機率都不算小。那這樣是否凱利還有其討論的必要？或者，我們該如何做才能降低賠錢的機率？由於凱利決定的是最佳下注比例，下節我們從下注比例大小的因素，探討與賠錢機率的關係。

第 4 章

4.3 | 下注比例在有限次賭局下的賠錢機率

本節目的：

● **探討下注比例與有限次賭局，賠錢機率的關係。**

上節我們得到一個結論：**凱利雖然是讓賭局長期獲利最大化的計算，但在有限次的賭局上，若用凱利比例下注，最後還是有很大的機率會賠錢**。從模擬實驗來觀察，甚至有不小的機率損失慘重。在本節中，我們會討論不同下注比例下，對於賭局賠錢機率的影響。

首先，讓我們用程式模擬的方式觀察**下注比例**與**賠錢機率**的關係。舉例來說，假設以勝率 50%、賠率為 2、玩 10 次的賭局為例：

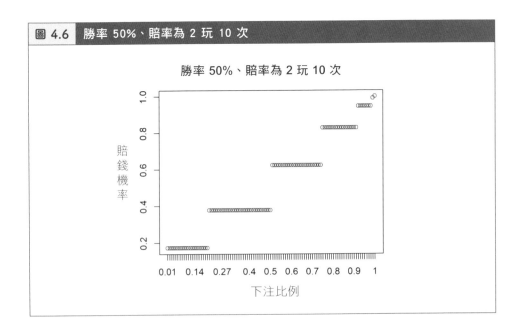

圖 4.6 勝率 50%、賠率為 2 玩 10 次

可以觀察到，賠錢機率是隨著下注比例放大，像階梯一樣跳耀的，我們整理上圖資訊如下表：

下注比例	1% ~ 20%	21% ~ 50%	51% ~ 74%	75% ~ 91%	92% ~ 98%	99%
賠錢機率	17.19%	37.70%	62.30%	82.81%	94.53%	98.93%

在下注比例 20% 的時候，賠錢機率為 17.19%；而在下注比例 21%，賠錢機率為 37.7%。多了 1% 的下注比例，賠錢機率的風險就從 17.19% 跳躍到 37.7%，為什麼會造成如此大的差異呢？這似乎相當不合乎直覺，讓我們計算看看。

下注比例為 20%

輸 6 次、贏 4 次最後尚能獲利：

$$(1 + 2 \times 0.2)^4 \times (1 - 0.2)^6 \cong 1.007052 > 1$$

但輸 7 次、贏 3 次，最終資金只剩下 0.57 左右：

$$(1 + 2 \times 0.2)^3 \times (1 - 0.2)^7 \cong 0.5754585 < 1$$

因此在玩 10 次的狀況下，只要累計輸了 7 次，那便注定會賠錢。因此最小賠錢次數為 $L = 7$，我們可計算賠錢的機率如下：

$$\sum_{k=0}^{3(=10-7)} C_k^{10} \left(\frac{1}{2}\right)^k \left(\frac{1}{2}\right)^{10-k} \cong 17.19\%$$

下注比例為 21%

輸 6 次、贏 4 次已會賠錢，如下計算：

$$\left(1+2\times0.21\right)^{4}\times\left(1-0.21\right)^{6}\cong0.9883617<1$$

要輸 5 次、贏 5 次才能保證獲利：

$$\left(1+2\times0.21\right)^{5}\times\left(1-0.21\right)^{5}\cong1.776549>1$$

也就是賠錢最小輸的次數為 $L=6$。因此，當下注比例為 21% 時，賠錢的機率為：

$$\sum_{k=0}^{4(=10-6)}C_{k}^{10}\left(\frac{1}{2}\right)^{k}\left(\frac{1}{2}\right)^{10-k}\cong37.69531\%$$

從以上情境可以看出，當下注 20% 時，贏 4 次、輸 6 次還會稍微獲利，報酬約為 0.7052%；但當下注 21% 時，贏 4 次、輸 6 次已變成虧損，約虧損 11.6383%。然而，在此例子中，不管是下注 20% 還是 21%，贏的次數等於 4 次的機率是固定的，與下注比例無關，而這個機率卻反映在賠錢的機率上，導致下注 21% 的風險會陡然升高。

為了更穩健地分析下注比例與賠錢機率的關係。接下來，讓我們增加參與賭局的次數，以下為勝率 50%、賠率為 2 的賭局中，分別玩 20 次、玩 30 次、玩 50 次、玩 100 次，在不同下注比例下的賠錢機率：

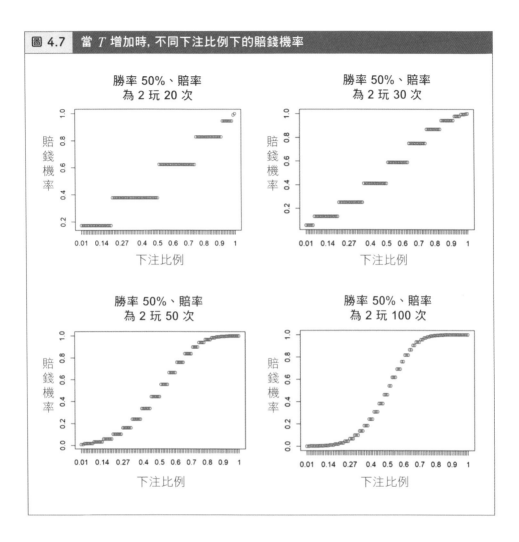

圖 4.7　當 T 增加時, 不同下注比例下的賠錢機率

我們可以觀察到，在勝率 50%、賠率為 2 的賭局下，若用凱利比例 25% 下注，分別在玩 10、20、30、50、100 次後，賠錢的機率也逐漸下降：

	玩 10 次	玩 20 次	玩 30 次	玩 50 次	玩 100 次
賠錢機率	37.69%	25.17%	18.18%	10.13%	4.42%

　　至此，我們可以得出前一小節相同的結論，若用最佳下注比例進行下注，在賭局次數增加時，風險會漸漸減少。另外，也可以發現到不管玩幾次，**隨著下注比例越大，賠越多錢的風險勢必也越大**，但賠錢的機率在某些下注比例範圍內是差不多的。注意到！在此我們僅僅考慮到「賠錢的機率」，賠 5% 是賠，賠 50% 也是賠。因此上圖並不一定適用於實際交易上可能遭遇的風險，我們必須給一個更全面的度量風險方式，至少能夠區分小賠與大賠發生的可能性。在下一節中，我們將討論根據賠錢程度的不同，所定義的風險度量標準。

4.4 | 下注比例與初始回檔 (initial draw-down, IDD)

本節目的：

1. **定義初始回檔，並分析其與下注比例之間的關係。**

2. **初始回檔與玩的次數呈現正相關。**

在實務上的交易過程，除了獲利外，投資人最為關心的肯定是**回檔風險**。一般來說回檔風險分為兩種。一個是**初始資金的回檔** (initial draw-down, IDD)，一個是**最大資金的回檔** (maximum draw-down, MDD)。在本節中，我們會先介紹初始資金的回檔風險。

所謂的初始回檔，指的是**在交易過程中，資金曾經發生過最低的那一刻，與原始本金之間的差距**。之所以稱為初始回檔，是因為不論最後賺賠多少，投資人還是經歷了交易過程中，最低資金水位的那一刻。而任一刻所承受的虧損風險，是指當下那一刻的資金，與初始資金做比較。若虧損過大想必投資人無法承受，畢竟一般人在乎的通常是當下的資金與原始本金做比較。讓我們舉個例子：

初始回檔 (範例)

　　假設初始資金 100 萬，在 20 次的操作裡，最多曾經賺到 300 萬，最低曾經賠到只剩下 80 萬，而最終資金以 200 萬收尾，則初始回檔計算如下：

$$\text{初始資金 - 最低資金水位} = 100 - 80 = 20$$

初始比例回檔計算如下：

$$\frac{\text{初始資金} - \text{最低資金水位}}{\text{初始資金}} = \frac{100 - 80}{100} = 20\%$$

　　換句話說，初始回檔與過程中曾經獲利的最高點無關，**只與過程中資金曾經最低的那一刻有關，並且與初始本金做比較**。接下來，讓我們來給定初始回檔的數學定義。

　　初始比例回檔 (initial draw-down, IDD)：

　　不失其一般性，假設賭局初始資金為 1，計為 A_0。在玩 T 次過程中，第 t 次的剩餘資金為 A_t，定義在第 T 次時刻的初始回檔如下：

$$1 - \min\{A_0, A_1, A_2, \ldots, A_T\}$$

　　用上述定義考慮初始回檔與下注比例的關係：假設勝率 50%、賠率為 2 的賭局玩 T 次，用模擬的方式計算初始回檔比例的分佈，並以盒鬚圖觀察之。下圖分別為 $T = 10$、20、50、100 的實驗結果。橫軸為下注比例，縱軸以初始比例回檔的盒鬚圖表示。

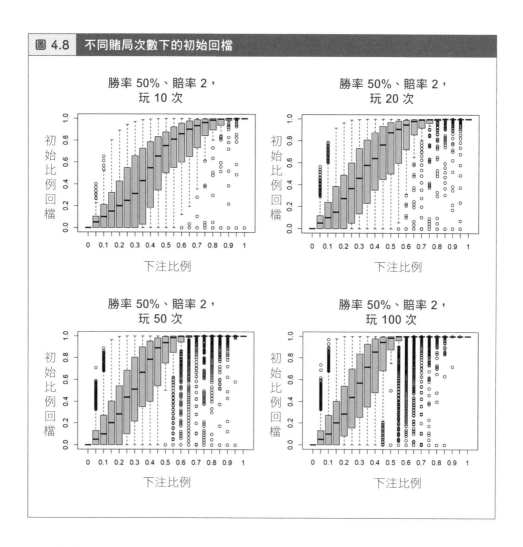

圖 4.8 不同賭局次數下的初始回檔

　　根據上面四張圖，可以發現以下幾點。**首先隨著下注比例越大，初始回檔的盒鬚圖整體也會跟著越高，這意味著會遭遇的初始回檔也會越大。**即使在凱利比例 25% 附近的初始回檔，平均值也都在 0.2 ~ 0.5 之間，這並不算低。**再來隨著玩的次數越多，初始回檔的整體分佈也明顯相對提高。**這是必然的，畢竟玩的次數越多，越有可能連續遭遇到虧損，而造成較深的回檔。

4.5 最大回檔 (maximum draw-down, MDD) 的矛盾

本節目的：

1. **定義最大回檔，並分析其與下注比例之間的關係。**

2. **最大回檔必與玩的次數呈現正相關。**

相較於初始回檔，在量化策略開發的過程中，許多投資者更常考慮的是最大回檔。通常最大回檔又分為兩種，一種是**最大比例回檔**，一種是**最大金額回檔**。但等等，先來讓我們先定義何謂最大回檔。

在 T 次的交易過程裡，假設第 t 次操作後的剩餘資金計為 A_t，其中 $t \in \{1, 2, ..., T\}$，不失一般性，假設初始資金為 1，計為 A_0。在定義最大回檔前，我們需先定義創新高點。在每一個時間點 t，創新高點 TP_t 定義如下：

$$\mathrm{TP}_t = \max_{\sigma \in \{0,1,2,...,t\}} \{A_\sigma\}$$

也就是在時間點 t 之前（包含）曾經累計的最大資金。接著我們定義時間點 t 的回檔 (draw-down, DD)，也就是間點 t 時的資金與前高 TP_t 之間的回檔距離，定義如下：

$$\mathrm{DD}_t = \max\{0, \mathrm{TP}_t - A_t\}$$

注意！ 若時間點 t 剛好是創新高，則 DD_t 為 0。

　　我們將所有時間點 $t \in \{1, 2, ..., T\}$ 的 DD_t 取出最大值，意味著自前一波累計資金高點以來，最大資金的虧損回檔，便是最大回檔的定義，如下：

$$\mathrm{MDD}_T = \max \left\{ \mathrm{DD}_1, \mathrm{DD}_2, ..., \mathrm{DD}_T \right\}$$

　　為了更好理解，讓我們舉下面例子做說明。

▌最大回檔 (範例)

　　假設初始資金 100 萬，在 10 次的操作裡，資金水位分別為：

初始資金
↓
100 ➡ 110 ➡ 98 ➡ 80 ➡ 110 ➡ 125 ➡ 100 ➡ 85 ➡ 95 ➡ 120 ➡ 130 (萬)

　　其資金走勢圖如下：

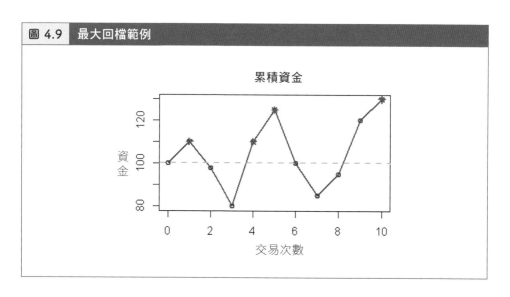

圖 4.9　最大回檔範例

這 10 次的操作裡，最後賺到 130 萬結束，同時也是這 10 次交易裡最高資金水位；而最低曾經賠到只剩下 80 萬。若要計算此例子的初始最大回檔，那便是這 10 次交易裡面最低資金水位，也就是 80 萬，所以初始最大回檔為 20 萬 (= 100 - 80)。而初始最大回檔比例為：

$$\frac{100 - 80}{100} = 20\%$$

然而，雖然賠 20 萬是這 10 次交易裡最低資金水位，但卻不是所遭遇的最大回檔。以此例子來說，最大回檔發生在第 5 次到第 7 次交易之間的資金水位縮減，資金從 125 萬回落到 85 萬，也就是吐了 40 萬未實現損益回去。相比於初始回檔吐了 20 萬，最大回檔的損失更為劇烈。而最大比例回檔計算為：

$$\frac{125 - 85}{125} = 32\%$$

注意到分母是 125 萬，也就是第 7 次前曾經擁有的最大資金水位 (第 5 次)。相比之下，一共回檔了第 5 次資金水位的 32%。

有了最大比例回檔的定義，接下來，讓我們探討以下問題：

考慮勝率 50%，賠率為 2 的賭局，玩 10 次的過程中，若用最佳比例下注，則最大比例回檔的分布為何？

在做實驗前，我們可以推測最大比例回檔勢必很大。以此例來說，凱利比例為 25%，這意味著只要輸 1 次，那回檔至少就 25% 以上；連輸 2 次，那回檔至少為：

$$1 - \left(1 - 0.25\right)^2 = 43.75\%$$

從上面觀察我們可知，對於勝率為 p、賠率為 b 的賭局，用凱利比例 $f^* = \dfrac{p(1+b)-1}{b}$ 下注，若連續 l 輸次，則最大比例回檔至少為：

$$1 - \left(1 - f^*\right)^l$$

將 $f^* = \dfrac{p(1+b)-1}{b}$ 代進上式，可以得到：

$$1 - \left(\frac{b-p-pb+1}{b}\right)^l$$

$$= 1 - \left(\frac{1+b}{b}(1-p)\right)^l$$

上述計算代表連續輸了 l 次所遭遇的回檔比例。再來我們計算不同的 l 發生的機率與伴隨的最大回檔比例。我們以 $p = 50\%$、$b = 2$ 為例。

連輸 l 次	連輸 l 次的機率 $(1-p)^l$	回檔比例 $1 - \left(\dfrac{1+b}{b}(1-p)\right)^l$
$l = 1$	50%	25%
$l = 2$	25%	43.75%
$l = 3$	3.125%	43.75%
$l = 4$	3.125%	68.36%
$l = 5$	3.125%	43.75%

從上表可知，勝率 50%、賠率為 2 的賭局，在任一時刻隨時都承受著有 50% 機率失去 25% 資金的風險；或是 25% 的機率失去 43.75% 資金的風險。從一般投資者所能承受虧損的忍受力去看，這個風險不算小。

第 4 章

　　不只如此，上述連輸 l 次的機率，我們用 $l = 5$ 為例，雖然只有 3.125% 的機率會遭遇 76.27% 的資金回檔。但不要小看這 3.125%，這意味著任何一個時刻都會遭遇這樣的機率考驗。理論上而言，平均每玩 32 次，就會承受一次 76.27% 資金的回檔。因此，只要玩的次數夠多，例如玩 100 次賭局，若按照凱利比例下注，遭遇到這樣巨大的回檔幾乎是意料之內。而只要發生一次，那就是 76.27% 的資金消失，試問有多少投資人能夠忍受 76% 以上的資金損失？

　　從上述分析的角度來看，這似乎相當矛盾，畢竟凱利比例是讓獲利最大化的下注方式，但凱利又必須假設能夠玩長期，才能發揮資金成長的最大效用。然而上面的計算卻證實，玩的次數越多，越有可能遭遇大比例的回檔，而這比例回檔是大部分投資者所無法接受的。

　　接下來，讓我們用程式模擬的方式證實，**只要玩的次數夠多，期間所遭遇的最大比例回檔機率也越高**。我們針對勝率 50%、賠率為 2 的賭局分別玩 10 次、30 次、50 次、100 次並各進行 10,000 回合的模擬。最後將所有回合的最大回檔比例進行統計。橫軸為最大回檔比例，縱軸為機率。實驗結果如下所示：

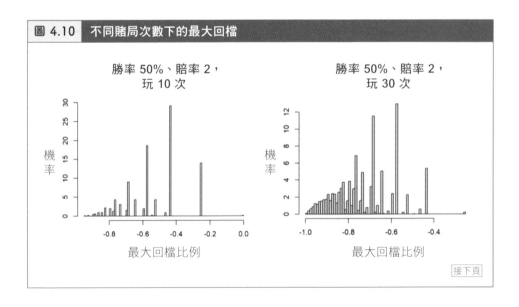

圖 4.10　不同賭局次數下的最大回檔

勝率 50%、賠率 2，玩 10 次

勝率 50%、賠率 2，玩 30 次

接下頁

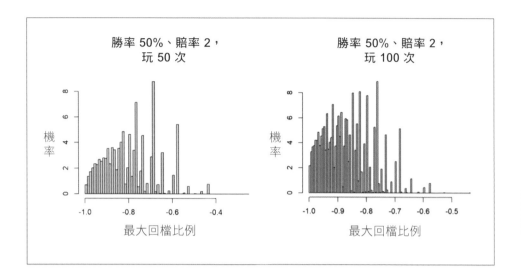

上面關於最大回檔比例的分佈圖，可觀察到隨著玩的次數越多，大比例的資金回檔幾乎是必然發生，-0.8 ~ -1.0 的次數分佈越密集。我們可將用 density 函數另外繪製連續密度函數，結果會更明顯，如下所示：

圖 4.11   不同賭局次數下的最大回檔 (以連續密度表示)

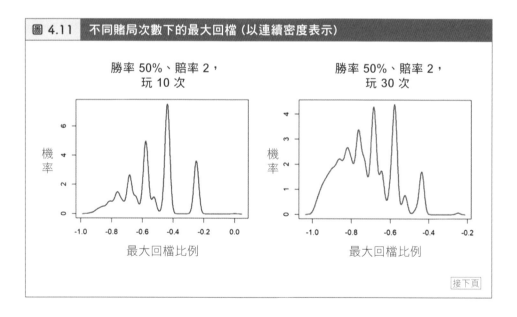

接下頁

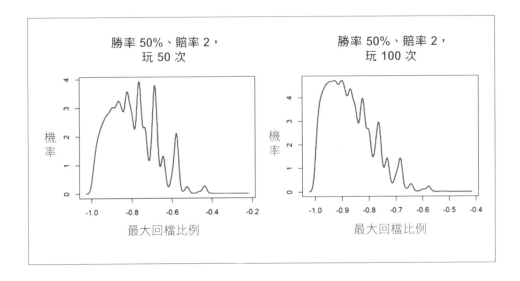

事實上，玩越多次，最大比例回檔越大並不是因為凱利比例，而是任何下注比例都會遭遇類似的現象，理由可根據上面的推論得知。這似乎是無可避免的。交易本來就是希望能一直玩下去，目標是獲利能夠穩定成長，玩很多次是必然，而這裡卻說明了**玩越多次，遭遇到大的最大比例回檔也是必然，這與穩定卻又相違背。這便是交易的矛盾之處！**

Tip 在後面章節中，我們會提到**槓桿空間模型**，似乎可以解決這種矛盾。

4.6　為何通常設定停損為 1%~2%? 以最大回檔為風險度量

　　試想一個交易策略，或是操作一檔基金，可能約 3 個月或是半年會結算一次，投資人會希望基金能夠穩定成長，但最重要的還是避免賠錢。所以，我們通常會將最大回檔比例作為一個風險度量指標，用來評估投資人可能會蒙受的最大損失，讓我們先定義風險函數 β。

　　給定勝率為 p、賠率為 b 的賭局玩 T 次，假設最大比例回檔超過 α 的機率為 β，則下注比例 f 與 α 的所定義的風險函數 β 如下：

$$\beta_{p,b,T}\left(\alpha, f\right) = \mathrm{Prob.}\left\{\mathrm{MDD}_T \geq \alpha\right\}$$

　　以 $\alpha = 50\%$、玩 30 場賭局為例，我們畫出 β 與下注比例的關係：

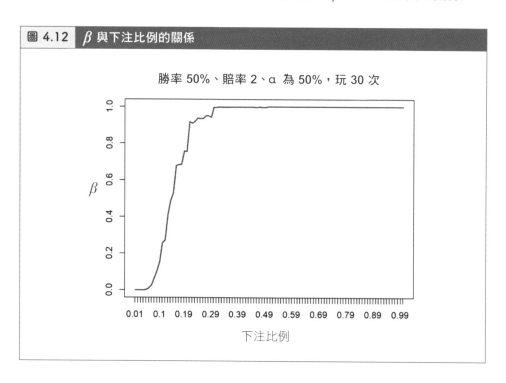

圖 4.12　β 與下注比例的關係

勝率 50%、賠率 2、α 為 50%，玩 30 次

從上圖可以發現，若下注比例超過 10% 時，30 場賭局後最大比例回檔超過 50% 的機率大約 20% 左右。而下注比例超過 30% 之後，最大比例回檔超過 50% 的機率則維持在 100%。至此，我們已經可以看出來 β 會隨著下注比例越大而增加。

接下來，我們設定不同的 α 值，包括 $\alpha = 5\%$、$\alpha = 15\%$、...、$\alpha = 70\%$。觀察 β 曲線與下注比例的變化。如下圖所示：

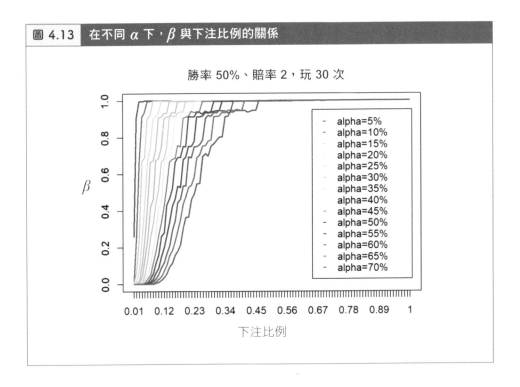

圖 4.13　在不同 α 下，β 與下注比例的關係

從圖表可以看出，當 α 值越低，即策略越保守時（設定低門檻的停損點），在相同的下注比例下，β 會比較高，這相當符合直覺。但同時也是非常重要的一點，投資人可以依據自己的風險承受能力來設定最大回檔，進而把控風險。

在大部分的賭局中,都不允許下注比例過大。我們以較為實際的賭局為例,考慮勝率 50%、賠率為 1.2 的賭局。其結果如下圖所示:

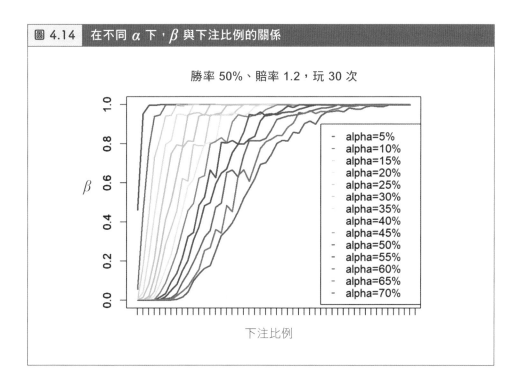

圖 4.14　在不同 α 下,β 與下注比例的關係

基本上超過 5% 的下注資金比例,已經有很高的機率造成非常劇烈的回檔了。這也是為何若用單一策略去看,通常建議每次虧損不要超過總資金的 1 ~ 2%。從這個實驗幾乎可以確認這個交易員常用的智慧法則。接下來,我們來加入虧損的賠率,更符合實務上交易策略的賺賠比,並且只考慮最大回檔的 α 值為 10%、20%、30% 的分析,結果如下圖所示:

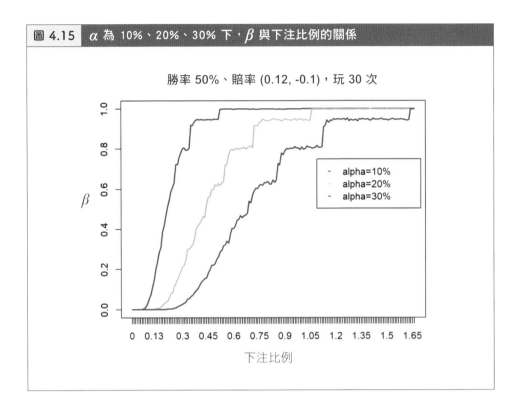

因為輸的賠率為 -0.1，所以當下到 50% 資金比例時，若發生賠錢就是輸掉 5% 資金比例。但根據模擬結果，若下注資金比例 50%，最大回檔為 10%、20%、30% 的機率分別為 94.38%、62.56%、23.98%，這樣一般投資人能接受的風險還是不小。若是考慮每次最多輸 2% 的資金比例，也就是下注 20% 資金比例時，最大回檔為 10%、20%、30% 的機率分別為 44.5%、3.54%、0.08%。當下注資資金比例為 10% 時，每次虧損最多為 1%，則最大回檔為 10%、20%、30% 的機率分別為 4.88%、0%、0%。**可以發現當控制下注比例為每次最多虧損 1% 時，基本上已完全控制住最大回檔的風險！**

第 5 章

凱利賭徒的
損益量化

在第 4 章討論的有限次賭局裡，我們用模擬的方法求出不同下注比例的風險與報酬。然而，有限次賭局若用凱利法則下注，是否也是所謂的最佳比例 (資金成長最大化)？凱利法則推導最佳化的過程用到一個很強的假設，便是玩的次數 T 必須趨近於無限大，如此才可套用大數法則，使得玩了 T 次後，輸贏比例會趨近於勝率 p。但在實務上，T 必然是有限的。真實世界中玩了 T 次後的輸贏比例不一定會跟勝率 p 一樣。

舉例來說，丟一個公正銅板，假設實際勝率 50%，玩了 10 次。最後結果雖然最有可能贏 5 次、輸 5 次，但也有不小的機率會贏 6 次、輸 4 次，或是贏 4 次、輸 6 次。當然也有可能遇到極端的情況，例如贏 9 次、輸 1 次，甚至全輸！若每個人都玩 10 次，輸贏次數的結果可能都不相同。換句話說，**在玩有限次的情況下，實際的輸贏比例與勝率會存在著機率偏差**，而偏差的機率分佈取決於二項式分佈 (binomial distribution)。

我們唯一能掌握的是根據大數法則，玩的次數 T 越大，輸贏比例越會接近實際的勝率 p。然而，在現實生活中，玩的次數 T 不可能大到哪裡去，也就是現實生活中一定存在著勝率與實際輸贏比例的偏差。這也是本章會討論的重點之一：**在限次數的賭局下，若使用凱利比例下注，一旦發生偏差，對最後報酬的影響**。

此外，除了有限次數的偏差會帶來影響，玩家對勝率的預估，也不一定是真實的賭局勝率。這是凱利公式的另一個盲點，凱利法則用的勝率假設是賭局的真實勝率。但根據第 2 章的論述，真實勝率是虛無飄渺的，沒有人可以確認，我們完全無從得知。

於是就以上觀點來說，凱利賭徒在真實世界似乎很難運作。試想一下，就算玩家預估的確實是真實勝率，在有限次的條件下亦會有偏差帶來的影響，更何況玩家預估的勝率，可能跟賭局真實勝率還有段距離。事實上，沒有人可以證明，玩家所估計的勝率是否準確。

上面討論的這些因素，都是影響有限次賭局的報酬（資金成長）關鍵。本章要討論的重點，**便是在限次數的賭局下，使用凱利比例進行下注，資金成長與實際勝率、實際輸贏比例之間的關係**。更精確地說，玩家根據自己認為的勝率，計算凱利比例後下注。雖然賭局的實際勝率無從得知，但玩家的資金成長可用實際的輸贏比例，再加上賭局賠率所延伸的公平機率去表示。首先，讓我們先來瞭解由賭局賠率所延伸的**公平機率**。

5.1 賭局賠率對應的公平機率

構成一個賭局最重要的兩個參數為勝率與賠率。如第 2 章所述,勝率通常是虛無飄渺的,沒有人可以確定,而賠率通常由莊家制定。可以說賭局的遊戲規則就是所謂的賠率。例如賭局賠率為 b,代表一旦贏,則玩家獲利為下注資金的 b 倍。事實上,賭局賠率也隱含莊家對賭局勝率的看法。換個說法,或是說莊家認為的勝率,反映在賠率的制訂上,也就是所謂**公平機率** (註:實務上可能再扣個水錢,賠率會再小一些)。我們先定義公平機率如下:

給定一場賠率為 b 的賭局,我們用 $P_w(b)$ 表示其對應的公平機率,足碼 w 表示一旦「贏 (win)」,會淨賺下注本金的 b 倍。之所以稱做公平,是因為若用此公平機率 $P_w(b)$ 搭配賠率 b ,用 $1 - P_w(b)$ 搭配輸掉的全部本金 (-100%),其期望值為 0,沒有對莊家有利,也沒有對玩家有利。我們可以用以下式子來表示:

$$P_w(b) \times b + \left(1 - P_w(b)\right) \times (-1) = 0$$

換句話說,若賭局的賠率 b 一旦確定,則其公平機率也會跟著決定,即:

$$P_w(b) = \frac{1}{1+b}$$

　　我們令 $P_l(b) = 1 - P_w(b)$，表示一旦「輸 (lose)」所對應的公平機率。因此，令 P(b) 表示賭局的公平機率分佈，也就是：

$$P(b) = \left(P_w(b), P_l(b)\right) = \left(\frac{1}{1+b}, \frac{b}{1+b}\right)$$

　　一般來說，公平機率也可以視為莊家認為的勝率。假設在不考慮水錢的情況下，莊家會先對賭局有一個認為的勝率，姑且稱之莊家勝率。再根據莊家勝率，計算出相對應的賠率。下一小節，我們討論公平機率（莊家認為的勝率）、玩家認為的勝率、與實際輸贏比例分佈之間的關係。

第 5 章

5.2 基於相對熵的凱利賭徒損益量化

　　過去我們通常直接假設賭局的勝率為 p、賠率為 b。但事實上，賭局勝率的認知是因人而異的。對玩家來說，玩家是因為自己認為賭局的勝率為 p，進而根據凱利法則，計算出最佳比例 $f = \dfrac{p(1+b)-1}{b}$ 進行下注。理論上，凱利法則告訴我們這樣下注方式會讓資金成長會最大化。但實際上，沒有人可以證明賭局的勝率確實為 p。我們只能從有限次的輸贏分佈，來觀察是否確實接近玩家預估的勝率。萬一落差太大，凱利法則理論上的最佳化，是否還是實際上資金成長的最佳化？

　　因此，我們好奇的是有限次的賭局玩 T 次下來，凱利賭徒到底可以獲利多少？前述章節凱利公式的推導，我們都假設賭局的勝率是正確的。但玩家認為的勝率 p，萬一與實際賭局的勝率有所差異該怎麼辦？接下來，我們將討論下列問題：

玩家認為的賭局勝率為 p，若每次都用最佳比例下注，玩 T 次，則資金成長為多少？

　　上述問題的重點在於玩有限次數的 T。由於凱利公式最佳化的推導用到玩無限多次的假設，也就是 $T \to \infty$。但在真實情況下，當然不可能玩無限多次。因此在本節中，我們會討論現實與理論上的差異。

　　不失一般性，假設賭局玩了 T 次，其中贏了 W 次、輸了 L 次 ($T = W + L$)，且每次都用比例 f 下注，我們設定符號 $G_T(f)$ 表示表示玩了 T 次後，預期的資金成長理論值。$G_T(f)$ 可列式如下：

$$G_T(f) = (1+bf)^W \times (1-f)^L$$

若玩家對賭局認為的勝率為 p，則其會根據凱利公式決定 f。玩家的下注比例為：

$$f^* = \frac{p(1+b)-1}{b}$$

將 f^* 代進 $G_T(f)$，我們可得玩家在玩 T 次後預期的資金成長理論值為：

$$G_T\left(f^*\right) = \left(1 + b\,\frac{p(1+b)-1}{b}\right)^{W} \times \left(1 - \frac{p(1+b)-1}{b}\right)^{L}$$

類似凱利公式最佳化推導的手法，我們將上式取 log（以 e 為底）後再除上 T 得：

$$\frac{1}{T}\log G_T\left(f^*\right) = \frac{1}{T}\log\left(\left(p(1+b)\right)^{W} \times \left((1-p)\frac{1+b}{b}\right)^{L}\right)$$

$$= \frac{1}{T}\left(W \times \log\left(p(1+b)\right) + L \times \log\left((1-p)\frac{1+b}{b}\right)\right)$$

$$= \frac{W}{T}\left(\log(p) + \log(1+b)\right) + \frac{L}{T}\left(\log(1-p) + \log\left(\frac{1+b}{b}\right)\right)$$

上述式子表示預期資金成長取 log 後每一步的平均值，我們稱為**期望對數成長 (expected log-growth)**。為了看出期望對數成長的意義，我們將上式前後分別加上 $\frac{W}{T}\log\left(\frac{W}{T}\right)$ 與 $\frac{L}{T}\log\left(\frac{L}{T}\right)$，並在最後將其減去，也就是：

$$\frac{1}{T}\log G_T\left(f^*\right) = \frac{W}{T}\log\left(\frac{W}{T}\right) + \frac{L}{T}\log\left(\frac{L}{T}\right) \quad \longleftarrow \text{加上}$$

$$+\frac{W}{T}\Big(\log\left(p\right) + \log\left(1+b\right)\Big) + \frac{L}{T}\left(\log\left(1-p\right) + \log\left(\frac{1+b}{b}\right)\right)$$

$$-\frac{W}{T}\log\left(\frac{W}{T}\right) - \frac{L}{T}\log\left(\frac{L}{T}\right) \quad \longleftarrow \text{減去}$$

整理化簡後，得：

為機率 $\left(\dfrac{W}{T}, \dfrac{L}{T}\right)$ 與機率 $\left(\dfrac{1}{1+b}, \dfrac{b}{1+b}\right)$ 的 **相對熵** 表示

$$\frac{1}{T}\log G_T\left(f^*\right) = \left(\frac{W}{T}\left(\log\left(\frac{W}{T}\right) - \log\left(\frac{1}{1+b}\right)\right) + \frac{L}{T}\left(\log\left(\frac{L}{T}\right) - \log\left(\frac{b}{1+b}\right)\right)\right)$$

$$-\left(\frac{W}{T}\left(\log\left(\frac{W}{T}\right) - \log\left(p\right)\right) + \frac{L}{T}\left(\log\left(\frac{L}{T}\right) - \log\left(1-p\right)\right)\right)$$

為機率 $\left(\dfrac{W}{T}, \dfrac{L}{T}\right)$ 與機率 $\left(p, 1-p\right)$ 的 **相對熵** 表示

相對熵 Kullback–Leibler divergence (KL divergence)

相對熵 (relative entropy)，又稱作 KL divergence，是由 Kullback 與 Leibler 兩位學者於 1951 年所提出。相對熵是一種計算兩個分佈之間非對稱性距離的度量方式，KL(·‖·) 為 KL divergence 的縮寫。舉例來說，兩個離散行機率分佈 P 和 Q 表示如下：

接下頁

$$P = (P(1), P(2), \cdots, P(T)) \text{ 和 } Q = (Q(1), Q(2), \cdots, Q(T))$$

則：

$$\mathrm{KL}(P \mid\mid Q) = \sum_{t=1}^{T} P(t) \log\left(\frac{P(t)}{Q(t)}\right)$$

注意！ 上面公式也說明只有當兩者機率分佈一模一樣時，相對熵距離才為 0，否則相對熵距離恆為正。

回到期望對數成長的表示式。先前 $\frac{1}{T} \log G_T\left(f^*\right)$ 的第一項括號其實為機率 $\left(\frac{W}{T}, \frac{L}{T}\right)$ 與機率 $\left(\frac{1}{1+b}, \frac{b}{1+b}\right)$ 的相對熵表示，也就是：

$$\left(\frac{W}{T}\left(\log\left(\frac{W}{T}\right) - \log\left(\frac{1}{1+b}\right)\right) + \frac{L}{T}\left(\log\left(\frac{L}{T}\right) + \log\left(\frac{b}{1+b}\right)\right)\right)$$

$$= \frac{W}{T} \log\left(\frac{\frac{W}{T}}{\frac{1}{1+b}}\right) + \frac{L}{T} \log\left(\frac{\frac{L}{T}}{\frac{b}{1+b}}\right)$$

$$= \mathrm{KL}\left(\left(\frac{W}{T}, \frac{L}{T}\right) \mid\mid \left(\frac{1}{1+b}, \frac{b}{1+b}\right)\right)$$

$\dfrac{1}{T}\log G_T\left(f^*\right)$ 的第二項括號其實為機率 $\left(\dfrac{W}{T},\dfrac{L}{T}\right)$ 與機率 $\left(p,1-p\right)$

的相對熵表示，也就是：

$$\left(\frac{W}{T}\left(\log\left(\frac{W}{T}\right)-\log\left(p\right)\right)+\frac{L}{T}\left(\log\left(\frac{L}{T}\right)-\log\left(1-p\right)\right)\right)$$

$$=\frac{W}{T}\log\left(\frac{\dfrac{W}{T}}{p}\right)+\frac{L}{T}\log\left(\frac{\dfrac{L}{T}}{1-p}\right)$$

$$=\mathrm{KL}\left(\left(\frac{W}{T},\frac{L}{T}\right)\|\left(p,1-p\right)\right)$$

為了讓期望對數成長有更精簡的表示，我們定義上述三者機率分佈的符號，令：

- $\mathrm{R}=\left(\dfrac{W}{T},\dfrac{L}{T}\right)$ 表示玩 T 次後真實輸贏的比例分佈。

- $\mathrm{P}=(p,1-p)$ 表示賭客認為的勝率。

- $\mathrm{P}(b)=\left(\dfrac{1}{1+b},\dfrac{b}{1+b}\right)$ 表示此賭局在賠率為 b 下相對應的公平機率分佈。

因此，我們可把 T 步賭局的期望對數成長改寫成下面簡單的表示：

$$\frac{1}{T}\log E_T\left(f^*\right)=\mathrm{KL}\left(\mathrm{R}\|\mathrm{P}(b)\right)-\mathrm{KL}\left(\mathrm{R}\|\mathrm{P}\right)$$

上面式子是兩個相對熵的差異，表示三個分佈間巧妙的關係。此結果說明，當給定一場賠率為 b 的賭局，且賭客根據其認知的勝率 p，使用凱利比例進行下注，則 T 次後的期望對數成長取決於 $\mathrm{P} = (p, 1 - p)$、$\mathrm{P}(b) = \left(\dfrac{1}{1+b}, \dfrac{b}{1+b}\right)$ 分別和 $\mathrm{R} = \left(\dfrac{W}{T}, \dfrac{L}{T}\right)$ 的相對熵差異。我們敘述定理如下：

● **定理：**

給定賠率為 b 的賭局，若玩家認為賭局的勝率為 p，則在凱利法則的規範下玩 T 次，分別贏 W 次、輸 L 次。則玩家每一步的期望對數成長為：

$$\mathrm{KL}\left(\mathrm{R} \,\|\, \mathrm{P}(b)\right) - \mathrm{KL}\left(\mathrm{R} \,\|\, \mathrm{P}\right)$$

> **Tip** 其中，$\mathrm{R} = \left(\dfrac{W}{T}, \dfrac{L}{T}\right)$ 為實際發生的輸贏分佈、$\mathrm{P} = (p, 1 - p)$ 為賭客認為的勝率分佈、$\mathrm{P}(b) = \left(\dfrac{1}{1+b}, \dfrac{b}{1+b}\right)$ 則為賭局的公平機率分佈。

可觀察到，根據期望對數成長公式，賭客若想要有較高的報酬，只能讓 KL(R‖P(b)) 夠大，或是讓 KL(R‖P) 夠小。但事實上 KL(R‖P(b)) 賭客無法決定，畢竟一個是 T 次後的輸贏比例 R，一個是莊家給定賠率後的公平機率 P(b)。賭客唯一能控制的就是 KL(R‖P)，簡單來說，賭客要想辦法讓估計的勝率 P，與賭局 T 次後的輸贏比例 R 夠接近，也就是 KL(R‖P) 夠小，則期望對數成長會有較高獲利。甚至，當 P 跟 R 完全一樣時，也就是 KL(R‖P) = 0 時，理論上賭客會有最高報酬，期望對數成長為 KL(R‖P(b))。

此外，從期望對數成長公式可看出，玩家用凱利下注獲利的充分必要條件為：

$$KL\left(R \parallel P\right) < KL\left(R \parallel P(b)\right)$$

從這公式可看出當玩家認為的勝率分佈 P 與實際輸贏比例 R 之間的相對熵距離，小於賭局的公平機率分佈 P(b) 與實際輸贏比例 R 的相對熵距離時，玩家用凱利法則下注的報酬會為正。這意味著玩家需要準確預估賭局勝率，但到底要多準確呢？**答案是只需要比公平機率（莊家認為的機率）準確就可，那玩家就能獲利，不需要估計的跟實際輸贏比例完全一樣。**

以各種市場交易的角度來說，賠率也可想成是市場上大眾認為的機率，許多商品價格調整的機制是透過眾人的買賣後，賠率因而跟著調整，這也像是市場上眾人認為標的物的價值。期望對數成長的公式告訴我們，**當你估計得比市場大眾還要來的準確時，便可獲利**；而不是真的要完美預估事件發生的機率。只要你犯的錯比眾人少，便保證獲利，只是報酬多寡的問題。換句話說，**大眾對事件的錯誤認知越大，投資者就越有更好的獲利機會。** 由於大眾的行為我們不能控制，對凱利賭徒來說，這似乎只能看天吃飯。然而，當遇到眾人犯錯時，凱利賭徒也要有本事估計準確，才能造就 KL(R∥P(b)) 很大、KL(R∥P) 很小的資金成長優勢。

5.3　更一般賭局的凱利賭徒損益量化與交易運用

在前述的賭局設定中，若賭客輸掉賭局，他將失去所下注的全部金額。換句話說，這相當於設定輸的賠率為 100%。然而，我們可以將期望對數成長的結論擴展應用於更為一般化的賭局設定，也就是輸贏各有不同賠率的狀況。假設贏的賠率為 b_1，輸的賠率為 b_2 ($b_2 > 0$)，則玩 T 次後的資金成長為：

$$G_T\left(f\right) = \left(1 + b_1 f\right)^W \times \left(1 - b_2 f\right)^L$$

若賭客認為的勝率為 p，如第 3 章所述，根據凱利公式該賭客的下注比例為：

$$f^* = \frac{b_1 p - b_2\left(1 - p\right)}{b_1 b_2}$$

將 f^* 帶進 $G_T\left(f\right)$，玩 T 次後的資金成長為：

$$G_T\left(f^*\right) = \left(1 + b_1 \frac{b_1 p - b_2\left(1 - p\right)}{b_1 b_2}\right)^W \times \left(1 - b_2 \frac{b_1 p - b_2\left(1 - p\right)}{b_1 b_2}\right)^L$$

$$= \left(1 + \frac{b_1 p - b_2\left(1 - p\right)}{b_2}\right)^W \times \left(1 - \frac{b_1 p - b_2\left(1 - p\right)}{b_1}\right)^L$$

$$= \left(p \frac{b_1 + b_2}{b_2}\right)^W \times \left(\left(1 - p\right)\frac{b_1 + b_2}{b_1}\right)^L$$

第 5 章

類似前述手法，取 log 後再除上 T，得：

$$\frac{1}{T}\log G_T\left(f\right) = \frac{1}{T}\log\left(\left(p\frac{b_1+b_2}{b_2}\right)^W\left(\left(1-p\right)\frac{b_1+b_2}{b_1}\right)^L\right)$$

$$= \frac{W}{T}\left(\log\left(p\right)+\log\left(\frac{b_1+b_2}{b_2}\right)\right)+\frac{L}{T}\left(\log\left(1-p\right)+\log\left(\frac{b_1+b_2}{b_1}\right)\right)$$

將上式前後分別加上 $\dfrac{W}{T}\log\left(\dfrac{W}{T}\right)$ 與 $\dfrac{L}{T}\log\left(\dfrac{L}{T}\right)$ 後，並在最後將其減去，得：

$$\frac{1}{T}\log G_T\left(f^*\right) = \frac{W}{T}\log\left(\frac{W}{T}\right)+\frac{L}{T}\log\left(\frac{L}{T}\right) \quad \longleftarrow \quad \text{加上}$$

$$+\frac{W}{T}\left(\log\left(p\right)+\log\left(\frac{b_1+b_2}{b_2}\right)\right)+\frac{L}{T}\left(\log\left(1-p\right)+\log\left(\frac{b_1+b_2}{b_1}\right)\right)$$

$$-\frac{W}{T}\log\left(\frac{W}{T}\right)-\frac{L}{T}\log\left(\frac{L}{T}\right) \quad \longleftarrow \quad \text{減去}$$

整理化簡後得：

$$\frac{1}{T}\log G_T\left(f\right) = \left(\frac{W}{T}\left(\log\left(\frac{W}{T}\right)-\log\left(\frac{b_2}{b_1+b_2}\right)\right)+\frac{L}{T}\left(\log\left(\frac{L}{T}\right)-\log\left(\frac{b_1}{b_1+b_2}\right)\right)\right)$$

$$-\left(\frac{W}{T}\left(\log\left(\frac{W}{T}\right)-\log\left(p\right)\right)+\frac{L}{T}\left(\log\left(\frac{L}{T}\right)-\log\left(1-p\right)\right)\right)$$

令 $R = \left(\dfrac{W}{T}, \dfrac{L}{T}\right)$、$P = (p, 1-p)$、$P(b_1, b_2) = \left(\dfrac{b_2}{b_1 + b_2}, \dfrac{b_1}{b_1 + b_2}\right)$ 表示公平賭局下的勝率分佈，則一般化的期望對數成長可表示為：

$$\frac{1}{T} \log E_T\left(f^*\right) = KL\left(R \| P(b_1, b_2)\right) - KL\left(R \| P\right)$$

我們可將上述概念用於量化交易上。舉例來說，在研發交易策略時，會探勘各種可能的進場訊號，例如黃金交叉進場、MACD 反轉或觸及布林通道…等等。一旦訊號發生後，這時便要決定下單多少部位。根據期望對數成長公式，**最適合的部位大小取決於估計的勝率 p 與實際的輸贏比例是否足夠接近。**

因此，必須要先定義所謂的「輸贏事件」，意味著在進場當下，也必須決定何時**出場**，這可能是停損，也可能是停利。換句話說，一個基本的量化交易策略，除了進場訊號外，勢必要加上進場後的停損點與停利點，如此才能定義何謂此策略的輸贏。

我們可以通過以下的例子來具體說明這一點。假設進場訊號為黃金交叉，一旦進場後，如果先遭遇到 10% 的虧損，則觸發停損機制並出場，或者如果先達到 20% 的盈利，則應該實現利潤並出場。在此設定下，其相對應的公平機率分佈應為：

$$P(b_1, b_2) = \left(\frac{b_2}{b_1 + b_2}, \frac{b_1}{b_1 + b_2}\right) = \left(\frac{10}{10 + 20}, \frac{20}{10 + 20}\right) = \left(\frac{1}{3}, \frac{2}{3}\right)$$

我們也可以用期望值計算是否為 0，檢驗其公平機率的正確性：

$$\frac{1}{3} \times 20\% + \frac{2}{3} \times (-10\%) = 0$$

因此，若有辦法預估實際的勝率，也就是估計進場點後，先遇到停損點（虧損 10%）還是停利點（獲利 20%）的機率分佈，例如投資者認為有 40% 的機率會先遇到 20% 的獲利（或是 60% 的機率先碰到 10% 的虧損），所以這場賭局的勝率為 40%、輸的機率為 60%。因此，我們便可根據凱利法則進行下注。以此例子來說，最佳下注比例為：

$$f^* = \frac{b_1 p - b_2 (1-p)}{b_1 b_2} = \frac{20\% \times 40\% - 10\% \times 60\%}{10\% \times 20\%} = \frac{0.02}{0.02} = 100\%$$

讀者可能會覺得奇怪，為什麼計算出來可以押 100% 的資金？注意到在這個交易策略底下，最慘是虧損 10%。換句話說，若這次交易為輸，則在下注 100% 資金的情況下，就是輸掉 10% 的資金；但萬一獲勝，那是贏得總資金的 20%。假設這樣的交易事件可以重複多次，那每次都押100% 資金，長期下來便是最好的下注方式！

注意！　以上策略的前提是，勝率真的是 40%，或是接近 40%。

5.4 凱利賭徒的獲利標竿

在上一節中我們得知一個結論，當玩家對賭局的勝率預估與實際的輸贏比例越接近時，最後資金的期望對數成長 (Expected log-growth) 會越高。由相對熵表示的公式可知，當玩家對勝率的預估 P 等同於實際輸贏比例 R 時，即 P = R，凱利賭徒可獲得最高的期望對數成長，也就是 KL(R‖P(b))。此外，上節有提到，KL(R‖P(b)) 某種程度可代表眾人犯的錯。公平賠率與實際輸贏比例的相對熵愈大，也就是 KL(R‖P(b)) 越大，可視為眾人預估的越不準確，凱利賭徒有可能獲得的最大報酬也越大。

因此，本節以凱利賭徒的最高期望對數成長做為標竿。我們想用凱利賭徒實際的資金成長表現，與此標竿的距離，作為判斷玩家勝率預估是否準確的度量依據。我們重新複習如下：

若玩家預估的勝率為 P，則玩家資金的期望對數成長為：

$$KL\left(R \parallel P(b)\right) - KL\left(R \parallel P\right)$$

當玩家預估的勝率完全準確，也就是 P = R 時，則玩家獲得最高的期望對數成長：

$$KL\left(R \parallel P(b)\right)$$

當玩家估計的勝率與實際輸贏比例一樣時，玩家的期望對數成長便是市場公平機率與實際輸贏比例之間的相對熵。首先，我們看以下推論。

● **推論：**

若賠率為 b 的賭局玩 T 次，且玩家認為的勝率 P 與實際的輸贏比例 R 一樣，並且用凱利法則下注，則進行 T 次賭局後的獲利為：

$$e^{T \times \mathrm{KL}(\mathrm{R} \| \mathrm{P}(b))}$$

> **注意！** 此為玩家理論上能達到的最大獲利。也就是上述的 T 次賭局，若贏了 W 次，輸了 L 次 $(T = W + L)$，且玩家估計的勝率恰巧為實際的輸贏比例 $p = \dfrac{W}{T}$。

● **證明：**

我們將玩家估計的勝率 $p = \dfrac{W}{T}$ 代入凱利公式 計算最佳下注比例 f^*，如右：

$$f^* = \frac{\dfrac{W}{T}(1 + b) - 1}{b}$$

根據公式，可獲得的期望對數成長為：

$$\frac{1}{T} \log G_T\left(f^*\right) = \mathrm{KL}\left(\left(\frac{W}{T}, \frac{L}{T}\right) \middle\| \left(\frac{1}{1+b}, \frac{b}{1+b}\right)\right) - \mathrm{KL}\left(\left(\frac{W}{T}, \frac{L}{T}\right) \middle\| \left(\frac{W}{T}, \frac{L}{T}\right)\right)$$

$$= \mathrm{KL}\left(\left(\frac{W}{T}, \frac{L}{T}\right) \middle\| \left(\frac{1}{1+b}, \frac{b}{1+b}\right)\right)$$

$$= \mathrm{KL}\left(\mathrm{R} \| \mathrm{P}(b)\right)$$

因此，下注比例為 $f^* = \dfrac{\dfrac{W}{T}(1 + b) - 1}{b}$ ，且玩 T 次後的資金成長為：

$$G_T\left(f^*\right) = e^{T \times \mathrm{KL}(\mathrm{R} \| \mathrm{P}(b))}$$

然而，若預估勝率並非為 $p = \dfrac{W}{T}$，則 T 次後的資金成長為：

$$G_T\left(f\right) = e^{T \times \left(\mathrm{KL}\left(\mathrm{R}\|\mathrm{P}(b)\right) - \mathrm{KL}\left(\mathrm{R}\|\mathrm{P}\right)\right)}$$

其中　$f = \dfrac{p\left(1+b\right)-1}{b}$。由於 $G_T\left(f\right)$ 與 $G_T\left(f^*\right)$ 的差異取決於預估勝率的不同，且 $G_T\left(f^*\right)$ 為預估準確時的資金成長，我們因此可將 $G_T\left(f\right)$ 與 $G_T\left(f^*\right)$ 的比值視為實際輸贏比例 $\dfrac{W}{T}$ 與預估勝率 p 的差距所帶來的懲罰。換句話說，當預估勝率為 p，且根據 p 計算出來凱利公式下注時，後見之明的資金成長 $G_T\left(f^*\right)$ 與實際的資金成長 $G_T\left(f\right)$ 的比值可視為玩 T 次賭局下，機率預估是否準確的一個度量。我們可用下列式子表示：

$$\frac{G_T\left(f^*\right)}{G_T\left(f\right)} = \frac{e^{T \times \mathrm{KL}\left(\mathrm{R}\|\mathrm{P}(b)\right)}}{e^{T \times \left(\mathrm{KL}\left(\mathrm{R}\|\mathrm{P}(b)\right) - \mathrm{KL}\left(\mathrm{R}\|\mathrm{P}\right)\right)}} = e^{T \times \mathrm{KL}\left(\mathrm{R}\|\mathrm{P}\right)}$$

> **注意！** 上述式子代表著估計勝率 p 與具有後見之明的估計勝率 $\dfrac{W}{T}$，所帶來的資金成長比值。**對一個賭徒來說，他能夠做到最好的便是預估勝率剛好等同於實際的輸贏比例，並且按照凱利公式下注。**$G_T\left(f^*\right)$ 為完美預測時所能獲得的資金成長。因此，上式的意義相當於「後見之明的資金成長」與「凱利賭徒的資金成長」的比值。

此比值的最大數值為 1。等號發生的時候代表 $\mathrm{P} = \mathrm{R}$。若接近 1，代表著玩家預估勝率越準確；越小於 1，代表著玩家估計的越不準確。另外，上式經過移項處理可以得知：

$$\frac{1}{T} \log \frac{G_T\left(f^*\right)}{G_T\left(f\right)} = \mathrm{KL}\left(\mathrm{R} \| \mathrm{P}\right)$$

因此，我們也可直接用 P 與 R 的相對熵來表示玩家估計賭局勝率是否準確的度量。事實上這很直觀，畢竟相對熵本就是度量兩種分佈之間距離的方式。本結只是證明這樣度量距離的方式所代表的意義：**即為後見之明的最大資金成長與實際資金成長的比較。**那如果玩家在各局數間有不同對於勝率的估計，則損益量化的情形會怎麼變化呢？在下一節中，我們將解答這個問題。

5.5 | 動態凱利賭局的損益量化

　　上述考慮的是固定賭局的報酬量化，也就是 T 個時間點的勝率和賠率都是固定常數。但現實生活可能不是如此，每一次玩的賭局不一定都具有相同的勝率與賠率。所以，接下來讓我們考慮更一般的情形。

　　考慮 T 個時間點 $\{1, 2, \cdots, T\}$，每個時間點各有不同勝率與賠率的賭局，T 個時間點賭局的賠率我們用 $\{b_1, b_2, ..., b_T\}$ 表示。而玩家認為每個時間點賭局的勝率我們用 $\{p_1, p_2, ..., p_T\}$ 表示。對玩家來說，每場賭局賠率分佈定義如下：

有 p_t 的機率為 b_t；有 $1 - p_t$ 的機率為 -1

　　注意到這裡的 p_t 是玩家認為的勝率，不一定是賭局真實的機率。因此，玩家認為每個時間點的賭局，是給定勝率 p_t 與賠率 b_t，並且根據凱利公式決定這個時間點的最佳下注比例：

$$f_t^* = \frac{p_t(1 + b_t) - 1}{b_t}$$

　　我們想問的問題是，**是否玩家針對每個時間點用最佳比例下注，長期下來的資金成長也能以相對熵的形式表示？**

　　假設每個賭局的輸贏為 $\{x_1, x_2, ..., x_T\}$，也就是說 $x_t = b_t$ 或 $x_t = -1$。玩家用最佳比例 $f_t^* = \dfrac{p_t(1 + b_t) - 1}{b_t}$ 下注後的資金成長為：

$$G_T\left(f_1^*, f_2^*, ..., f_T^*\right) = \left(1 + f_1^* x_1\right)\left(1 + f_2^* x_2\right)...\left(1 + f_T^* x_T\right) = \prod_{t=1}^{T}\left(1 + f_t^* x_t\right)$$

針對上述每一單項，若 $x_t = b_t$（也就是贏），則：

$$1 + f_t^* x_t = 1 + \frac{p_t(1 + b_t) - 1}{b_t} b_t$$

$$= p_t(1 + b_t)$$

若 $x_t = -1$（也就是輸），則：

$$1 + f_t^* x_t = 1 - f_t^*$$

$$= 1 - \frac{p_t(1 + b_t) - 1}{b_t}$$

$$= (1 - p_t)\frac{(1 + b_t)}{b_t}$$

令 X_t 表示每一步賭局持有期間報酬（HPR）的隨機變數，也就是 $X_t = (1 + f_t^* x_t)$，則：

● X_t 有 p_t 的機率為：

$$X_t = p_t(1 + b_t)$$

● X_t 有 $1 - p_t$ 的機率為：

$$X_t = (1 - p_t)\frac{(1 + b_t)}{b_t}$$

由於賭局最後的資金成長是一連串持有期間報酬相乘的結果，若要計算一連串下來的乘積不好處理。類似前述手法，我們將 X_t 取對數，讓 T 個單項的「乘法」變成「加法」，也就是：

$$\log G_T\left(f_1^*, f_2^*, \ldots, f_T^*\right) = \log\left(\prod_{t=1}^{T}\left(1 + f_t^* x_t\right)\right)$$

$$= \sum_{t=1}^{T}\log\left(1 + f_t^* x_t\right)$$

$$= \sum_{t=1}^{T}\log\left(X_t\right)$$

上式表示著 T 次賭局後的資金對數成長，因為是 T 個單項相加，我們因此可計算其每一單項的期望值。每一單項 $\log\left(X_t\right)$ 的隨機變數如下：

● $\log\left(X_t\right)$ 有 p_t 的機率為：

$$\log\left(X_t\right) = \log\left(p_t\right) + \log\left(1 + b_t\right)$$

● $\log\left(X_t\right)$ 有 $1 - p_t$ 的機率為：

$$\log\left(X_t\right) = \log\left(1 - p_t\right) + \log\left(\frac{1 + b_t}{b_t}\right)$$

令 $Y_t = \mathrm{E}\left[\log\left(X_t\right)\right]$ 表示每一步的對數成長的期望值，則：

$$Y_t = \mathrm{E}\left[\log\left(X_t\right)\right]$$

$$= p_t\left(\log\left(p_t\right) + \log\left(1+b_t\right)\right) + \left(1-p_t\right)\left(\log\left(1-p_t\right) + \log\left(\frac{1+b_t}{b_t}\right)\right)$$

$$= p_t\left(\log\left(p_t\right) - \log\left(\frac{1}{1+b_t}\right)\right) + \left(1-p_t\right)\left(\log\left(1-p_t\right) - \log\left(\frac{b_t}{1+b_t}\right)\right)$$

$$= \mathrm{KL}\left(\left(p_t, 1-p_t\right) \| \left(\frac{1}{1+b_t}, \frac{b_t}{1+b_t}\right)\right)$$

令 $B_t = \left(\dfrac{1}{1+b_t}, \dfrac{b_t}{1+b_t}\right)$ 表示每步賭局賠率相對的公平機率，$P_t = \left(P_t, 1-P_t\right)$ 表示玩家認為每步賭局的機率分佈，上式可表示為：

$$Y_t = \mathrm{E}\left[\log\left(X_t\right)\right] = \mathrm{KL}\left(P_t \| B_t\right)$$

觀察上式，若 $P_t = B_t$，也就是 $p_t = \dfrac{1}{1+b_t}$，則 $\mathrm{KL}\left(P_t \| B_t\right) = 0$。對玩家來說這樣的賠率搭配其認為的勝率，此賭局是無利可圖的。凱利法則的計算確實也告訴我們不該下注，如下所示：

$$f_t^* = \frac{p_t\left(1+b_t\right)-1}{b_t} = \frac{\dfrac{1}{1+b_t}\left(1+b_t\right)-1}{b_t} = 0$$

接下來，我們來看每一步資金對數成長期望值的意義。若玩家認為的勝率為 p_t、賠率為 b_t，玩家用 p_t 代入凱利公式 $f_t^* = \dfrac{p_t(1+b_t)-1}{b_t}$ 後進行下注，$\mathrm{KL}(P_t \parallel B_t)$ 代表單步資金的對數成長期望值。對玩家來說，若 $\mathrm{KL}(P_t \parallel B_t)$ 越大意味著資金成長越大，但別忘了這是玩家使用認為的勝率去計算的期望值，前提是**玩家認為的勝率必須確實很接近真實勝率**。若是如此，那確實 $\mathrm{KL}(P_t \parallel B_t)$ 越大越有利可圖。但若玩家本身對賭局的勝率有錯誤預估，這個期望值計算就失去了意義。

我們還是需要考慮賭局真實機率，作為凱利賭徒資金成長的分析，看是否有類似前述小節相對熵的形式。

假設輸贏賠率設為隨機變數 X_t 的真實機率為 r_t，也就是：

$$X_t \text{ 有 } r_t \text{ 的機率為 } b_t ; \ X_t \text{ 有 } 1-r_t \text{ 的機率為 } -1$$

則上述每一步的資金對數成長期望值變為：

$$Y_t = r_t\left(\log(p_t) - \log\left(\frac{1}{1+b_t}\right)\right) + (1-r_t)\left(\log(1-p_t) - \log\left(\frac{b_t}{1+b_t}\right)\right)$$

令 $R_t = (r_t, 1-r_t)$、$B_t = \left(\dfrac{1}{1+b_t}, \dfrac{b_t}{1+b_t}\right)$、$P_t = (P_t, 1-P_t)$，則：

$$Y_t = r_t\left(\log(r_t) - \log\left(\frac{1}{1+b_t}\right)\right) + (1-r_t)\left(\log(1-r_t) - \log\left(\frac{b_t}{1+b_t}\right)\right)$$

$$-r_t\left(\log(r_t) - \log(p_t)\right) - (1-r_t)\left(\log(1-r_t) - \log(1-r_t)\right)$$

$$= \sum_{t=1}^{T} \mathrm{KL}\left(\left(r_t, 1-r_t \right) \parallel \left(\frac{1}{1+b_t}, \frac{b_t}{1+b_t} \right) \right) - \sum_{t=1}^{T} \mathrm{KL}\left(\left(r_t, 1-r_t \right) \parallel \left(p_t, 1-p_t \right) \right)$$

$$= \sum_{t=1}^{T} \mathrm{KL}\left(R_t \parallel B_t \right) - \mathrm{KL}\left(R_t \parallel P_t \right)$$

上面式子指出，若玩 T 步不同勝率及賠率的賭局，玩家預估每個當下（每一步）的勝率 P_t，並且用凱利公式計算後進行下注。則玩家獲得的對數成長期望值為每一步的對數成長相加。若玩家估計準確，也就是每一步預估的 $P_t = R_t$，則類似 5.2 小節的推論，玩家會獲得最大的期望對數成長：

$$\sum_{t=1}^{T} \mathrm{KL}\left(R_t \parallel B_t \right)$$

上面的式子也說明了在實際一連串的投資或投機過程中，我們都可將某一次交易視為一次性的賭局，雖然這樣的賭局不可能重複玩無限多次，**但我們所需做的工作就是估計準確當下賭局的勝率，然後計算相對應的凱利比例進行下注。**

第5章

MEMO

第6章

多重損益賭局下的
最佳投資比例

　　過去章節我們討論的賭局都是以銅版賭局為主。因為銅板只有兩面，意味著賭局只有輸贏各一種情況，**但在實際的交易或賭局中，輸贏可能有多種結果**。例如樂透有頭獎、二獎、三獎…等。股票漲跌也有漲 1%、2%、或是漲停板 10%。賠錢的方式也可能很多元，除了一般賭局輸了賭金全部賠光 (-100%)，有些賭局也設定可以投降輸一半 (50%) 的規則。以交易策略為例，常用的移動停利停損方式，有可能今天賺 100 點（贏），明天賠 30 點（輸），後天又賺 200 點（贏）…等。在現實生活中，損益結果大部分不會像銅板賭局那麼簡單，輸贏是相對多元的！

　　先前我們用銅板賭局來探討單一輸贏結果以及其最佳下注比例。在本章中將更進一步，討論多重損益結果的賭局。我們將以擲骰子為例，每次擲出骰子都能得到六種不同的結果，而這恰恰可以表示多重損益的情況。接下來，就讓我們討論在此設定下的最佳下注比例吧。

6.1 ｜ 骰子賭局—多重損益賭局

▌骰子賭局

　　假設現在我們參與了一場擲骰子賭局，賭局規則如下：

1. 出現 ⚀ ⚁ ⚂ 賠光

2. 出現 ⚃ ⚄ 賺 1 倍

3. 出現 ⚅ 賺 2 倍

> **Tip** 此為一公正骰子，公正代表六個面出現的機率都一樣。

若可以玩無限多次，且本金可以無限分割的狀況下。試問該如何下注，可使資金成長最為快速？

我們可先計算此賭局的期望值。出現一、二、三點的機率為 $\frac{1}{2}$、出現四、五點的機率為 $\frac{1}{3}$、出現六點的機率為 $\frac{1}{6}$，則期望淨利為：

$$\frac{1}{2} \times (-1) + \frac{1}{3} \times (+1) + \frac{1}{6} \times (+2) = \frac{1}{6}$$

由於 $\frac{1}{6} (> 0)$ 為正，此為一個淨利為正期望值的賭局，因此值得下注。我們用處理凱利法則銅板賭局的手法來做最佳下注比例的推導。假設 A_t 代表第 t 步時要下注的資金比例，三種可能的結果敘述如下：

1. 若第 $t - 1$ 步出現一、二、三點，則：

$$A_t = A_{t-1} \times (1 - f)$$

2. 若第 $t - 1$ 步出現四、五點，則：

$$A_t = A_{t-1} \times (1 + f)$$

3. 若第 $t - 1$ 步出現六點，則：

$$A_t = A_{t-1} \times (1 + 2f)$$

若今天玩了 T 次，出現一、二、三點的次數為 W_1 次、出現四、五點的次數為 W_2 次、出現六點的次數為 W_3 次，也就是 $T = W_1 + W_2 + W_3$。A_0 則代表初始資金，我們可推得：

$$A_T = A_0 \times (1 - f)^{W_1} \times (1 + f)^{W_2} \times (1 + 2f)^{W_3}$$

現在，我們的目標是要最大化最終資金，那要如何決定 f 才能使得 A_T 最大呢？類似前述凱利法則的推導過程，我們將 A_T 取對數 log 後（e 為底數，下面以 log 表示）再除上 T，可以得到：

$$\frac{1}{T} \log \frac{A_T}{A_0} = \frac{W_1}{T} \log \left(1 - f\right) + \frac{W_2}{T} \log \left(1 + f\right) + \frac{W_3}{T} \log \left(1 + 2f\right)$$

讓 $T \to \infty$，也就是賭局可以玩無限多次的話，則上式變為：

$$\lim_{T \to \infty} \frac{1}{T} \log \frac{A_T}{A_0} = \frac{1}{2} \log \left(1 - f\right) + \frac{1}{3} \log \left(1 + f\right) + \frac{1}{6} \log \left(1 + 2f\right)$$

由於上式變數為 f，我們令 $W_T\left(f\right) = \frac{1}{T} \log \frac{A_T}{A_0}$，為求極值將其對 f 微分後可得：

$$\frac{1}{2} \times \frac{-1}{1 - f} + \frac{1}{3} \times \frac{1}{1 + f} + \frac{1}{6} \times \frac{2}{1 + 2f} = 0$$

可推得：

$$-3\left(1 + f\right)\left(1 + 2f\right) + 2\left(1 - f\right)\left(1 + 2f\right) + 2\left(1 - f\right)\left(1 + f\right) = 0$$

上述式子化簡後為：

$$-12f^2 - 7f + 1 = 0$$

我們可解得：

$$f = \frac{\sqrt{97} - 7}{24} \approx 11.9\%$$

　　一般來說，我們可以透過程式模擬的方式來計算出所有下注比例的報酬，例如用 $f = 1\%$、$f = 2\%$、$f = 3\%$...、$f = 99\%$，分別代進上述公式後得到報酬。以此例來說，其不同下注比例的期望報酬圖如下：

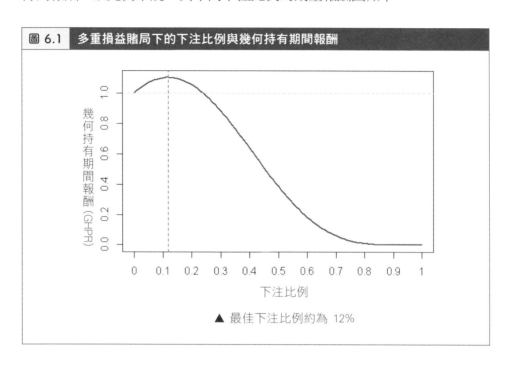

圖 6.1 多重損益賭局下的下注比例與幾何持有期間報酬

▲ 最佳下注比例約為 12%

　　我們可把多重損益賭局視為銅板賭局的延伸，而之所以要討論多重損益賭局，原因在於，金融交易正像是多重損益賭局，輸贏損益絕對不會是固定型態。試想任何一個交易策略的過程，從建立部位開始到清空部位結束，可能遇到的報酬有無限多種。這與先前提到的銅板賭局大相逕庭，因為銅板賭局只有賺與賠兩種單一輸贏結果。我們以下面例子舉例說明，假設有一檔股票，明天的漲跌機率分佈如下：

漲跌	-10%	-7%	-3%	-1%	1%	3%	7%	10%
機率	3%	7%	10%	20%	30%	15%	10%	5%

Tip 這裡的漲跌機率是明天收盤價與今天收盤價的比較。

　　根據上表我們便可明確計算出最佳下注比例，怎樣的 f 會使得下列式子有最大值？列式如下 (log 以 e 為底)：

$$\frac{3}{100}\log\left(1-10\%f\right)+\frac{7}{100}\log\left(1-7\%f\right)+\frac{10}{100}\log\left(1-3\%f\right)$$

$$+\frac{20}{100}\log\left(1-1\%f\right)+\frac{30}{100}\log\left(1+1\%f\right)+\frac{15}{100}\log\left(1+3\%f\right)$$

$$+\frac{10}{100}\log\left(1+7\%f\right)+\frac{5}{100}\log\left(1+5\%f\right)$$

> **注意！** 因為最大損失是 10%，f 可選的範圍為 {1%, 2%,⋯, 100%,⋯, 1000%}。

　　經由程式計算後，可得到不同比例下的幾何持有期間報酬。如下圖，其最佳下注比例約為 340%。

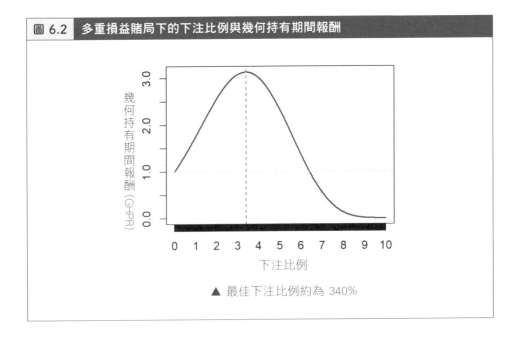

圖 6.2　多重損益賭局下的下注比例與幾何持有期間報酬

▲ 最佳下注比例約為 340%

6.2 │ 運用最佳化比例於股市交易 — 整體的後見之明

　　假設知道某一檔股票每天的漲跌分佈，我們可以做個後見之明的實驗（用歷史資料來最佳化該段期間的下注比例）。以 Google (GOOG) 公司為例，我們統計 GOOG 股票在 2021 年的漲跌分佈，也就是每日收盤價與昨日收盤價的漲跌幅（取得資料的程式碼可參考本書附錄）。

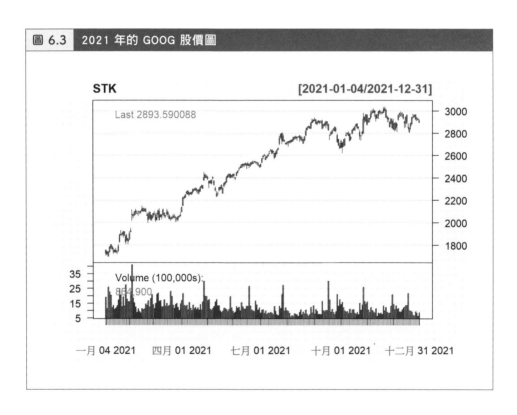

圖 6.3 2021 年的 GOOG 股價圖

　　下面分別為在 2021 年，GOOG 股價每天的漲跌幅與漲跌幅的分佈圖：

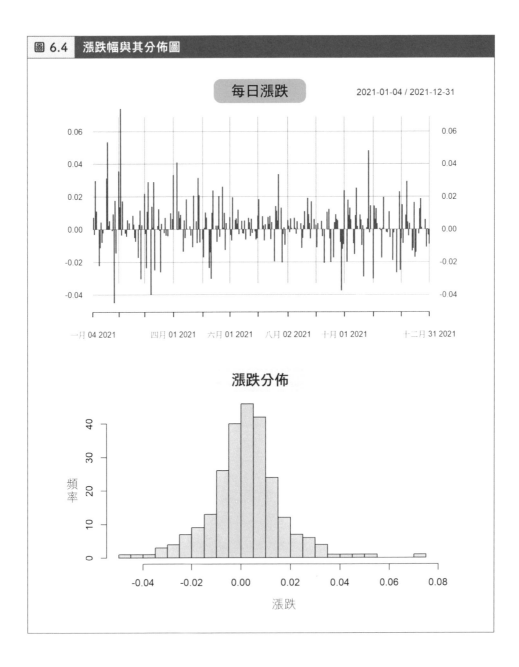

圖 6.4　漲跌幅與其分佈圖

有了漲跌幅的分佈後，我們就可以代入上一小節的公式中，用程式來找出最佳下注比例，結果如下：

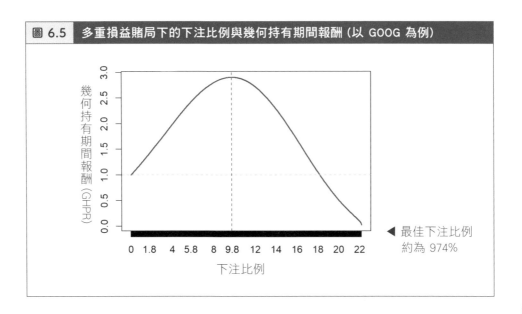

圖 6.5　多重損益賭局下的下注比例與幾何持有期間報酬 (以 GOOG 為例)

　　我們用後見之明的最佳比例下注，若計算的出來最佳比例為正，代表其每日漲跌幅的平均值為正，也就是有利可圖。**因此，這可以保證最後的收益為正。**讓我們以凱利比例 974% 從年初進場交易，2021 期間的資金成長如下圖所示：

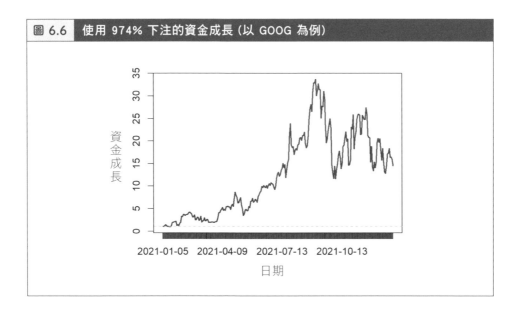

圖 6.6　使用 974% 下注的資金成長 (以 GOOG 為例)

可以發現，最後收益為正，並不意味著資金成長曲線夠穩定向上。就如上圖，在 2021 年 8 月攀上獲利高峰後，就出現一連串的回檔到 2021 年年底。儘管期間經歷了數次波動下跌，但通過整個時間序列的最佳化比例，除了保證最後收益為正，**其實還保證最後收益是所有比例裡面最大的**，畢竟當初最佳化的本來就是最後的報酬！

不信的話，讓我們試看看其他的下注比例，並且畫在圖一張圖上進行比較。以下分別採用一半的凱利比例 (487%)、凱利比例 (974%) 與兩倍的凱利比例 (1,948%) 進行回測模擬。如下圖所示：

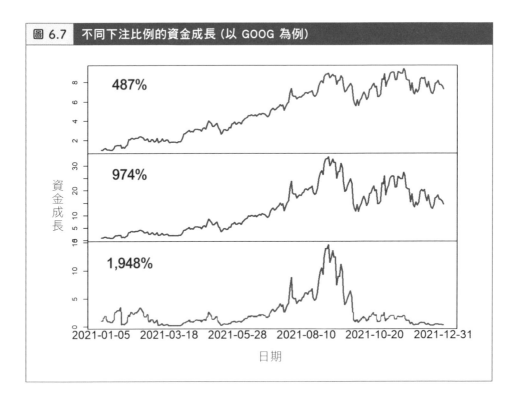

圖 6.7　不同下注比例的資金成長（以 GOOG 為例）

以報酬率來說，絕對是凱利比例 (974%) 的資金成長最大，為 14.49；一半凱利的資金成長為 7.31，而兩倍凱利的資金成長為 0.32，幾乎賠光。然而我們可觀察整體的波動，兩倍凱利遭遇最大的回檔 (draw-down)，資金成長從 14.65 到 0.27，一共回檔了 98.16%；凱利遭遇的最大回檔,從 33.65 回檔至 11.64,回檔幅度為 65.37%;最穩定的一半凱利,最大回檔從 8.96 回檔至 5.57,回檔幅度為 37.8%。

由此實驗可知,**最佳下注比例只是讓最後報酬最大,並不能保證資金成長曲線的波動風險是最小的。**

我們也可將凱利比例分成 20 份,分別使用以下 40 種下注比例進行交易:

$$\left\{ \frac{\text{Kelly}}{20}, \frac{2 \times \text{Kelly}}{20}, \ldots, \frac{19 \times \text{Kelly}}{20}, \text{Kelly}, \frac{21 \times \text{Kelly}}{20} \ldots, \frac{39 \times \text{Kelly}}{20}, 2 \times \text{Kelly} \right\}$$

下圖為這 40 種下注比例的資金成長曲線:

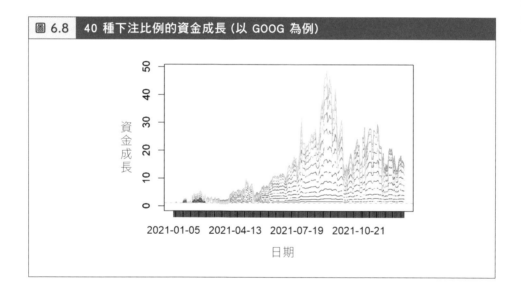

圖 6.8 40 種下注比例的資金成長 (以 GOOG 為例)

可以觀察到,下注比例越小的資金成長曲線(偏紅色),雖然最後賺的不多,但也相對平穩許多。而下注比例越大的資金成長曲線(偏黃色),過程中可能賺很多,但最後也回檔很多。但最後賺最多的,是下注比例為凱利的資金成長曲線(偏橘色)。

6.3 更無敵的最佳化比例 —— 分割窗格的後見之明

在上一小節中，我們用整體時間序列的漲跌幅來計算最佳比例。**若整體漲跌幅的期望值為正，則視為有利可圖，勢必會有最佳下注比例，其累計損益曲線最後必定獲利。**然而，雖然最後總損益是正的，但在實驗中可以觀察到累計損益曲線不一定好看，過程中亦有跌宕起伏，如上一小節的圖表所示。

既然要用後見之明，且已經用了最佳比例，有什麼方法可以讓累計損益曲線更為好看？這邊指的不僅僅是最後的獲利，我們希望在整段交易過程中也是一路平穩向上，減少回檔。所以，在本節中我們將討論**分割窗格的後見之明**，說明如下：

假設時間區間為 1、2、...、T，我們將整個時間區間分為 M 段。換句話說，每一段的大約有 $\dfrac{T}{M}$ 個時間點，也就是約有 $\dfrac{T}{M}$ 個漲跌幅。我們針對每一段的漲跌幅去計算最佳比例，假設為 f_1、f_2、$\cdots$、f_M。如下圖所示：

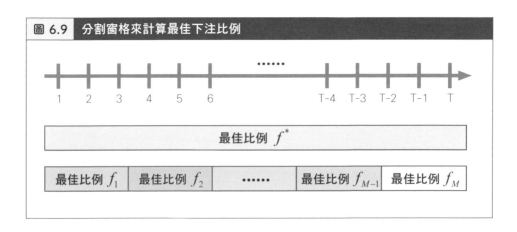

圖 6.9　分割窗格來計算最佳下注比例

　　接下來，將每一段的最佳比例 f_m（其中 $m \in \{1, 2, ..., M\}$）回測該段的漲跌幅，並計算其累計資金。如此從第 1 段一直累積做到第 M 段的分割窗格。在這樣的設計下，其資金成長曲線必定相當完美。理由為這個曲線，是由 M 個窗格的損益曲線串接起來的，而每個窗格的資金成長曲線，勢必是獲利狀態。

　　換句話說，即使每個窗格資金成長曲線的過程可能也是起起伏伏，窗格最終的資金勢必大於窗格開始的資金。因此，只要過了一個窗格的時間，也就是 $\frac{T}{M}$ 個時間點，累計資金勢必創新高。這使得整體 1、2、...、T 的時間點，累計資金成長曲線會穩健向上。

　　我們採用 GOOG 股票，2010 年到 2020 年的日收盤價，以 50 天作為分割窗格的大小。簡單來說，每 50 天就會計算該段期間的最佳比例，且將此比例用在這 50 天的交易中。如上圖所示，第一個 f_1 用在第 1 天到第 50 天，第 2 個 f_2 用在第 51 天到第 100 天，依此類推…。

　　接下來，我們可以畫出這 10 年的累計資金成長，如下圖所示。可想而知，其績效必定會太好，以至於前面的資金成長曲線看不出穩定成長趨勢（較為平坦），似乎大部分獲利在最後一兩年。然而，這是因為我們計算的是累計資金，複利的力量會導致後面的絕對獲利成長太快，因而讓前面的資金曲線像是水平線（但其實是一直穩定增長）。

第 6 章

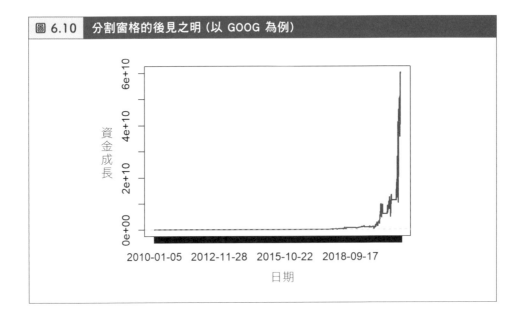

圖 6.10 分割窗格的後見之明（以 GOOG 為例）

我們可將資金成長取對數，便可觀察其報酬增長的情形，如下圖：

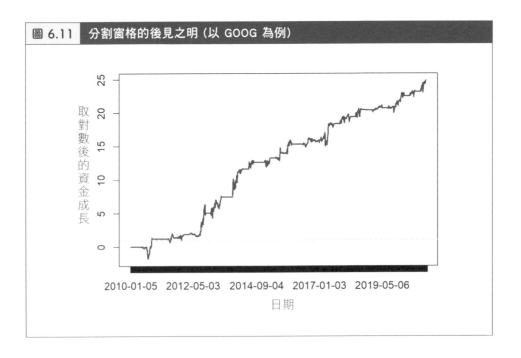

圖 6.11 分割窗格的後見之明（以 GOOG 為例）

　　事實上，分割窗格的期間大小並不是重點，只要用了後見之明的凱利下注，那勢必是會獲利的。只是獲利的過程是否順暢，也就是累計資金曲線是否持續創新高向上。分割窗格的目的，是讓獲利的過程更為順暢，可以觀察到窗格分割地越小，累計對數資金成長曲線向上爬升地越快。以下，我們使用 $m = 10$、$m = 30$、$m = 50$、$m = 70$ 分別去看，並且針對不同的標的，包含 Google (GOOG)、Microsoft (MSFT)、台灣積體電路 (2330.TW) 進行回測。

　　下面為 Google 分別在四種窗格下，最佳比例的累計對數資金成長：

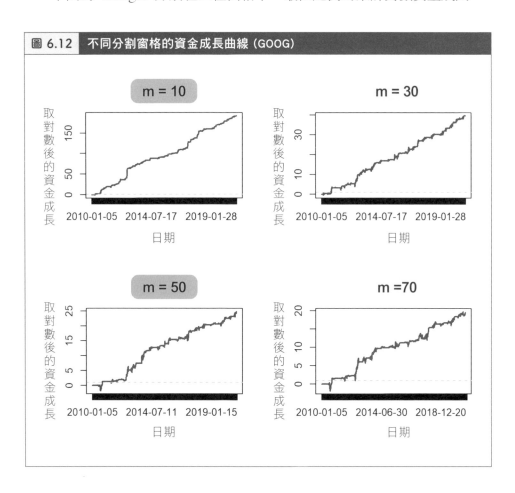

圖 6.12　不同分割窗格的資金成長曲線 (GOOG)

第 6 章

　　下面為 Microsoft 分別在四種窗格下，最佳比例的累計對數資金成長：

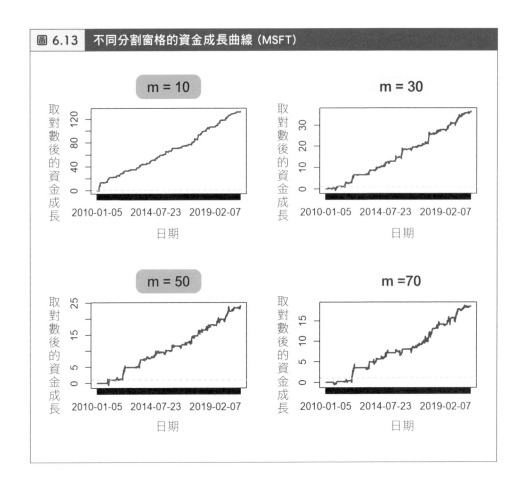

圖 6.13　不同分割窗格的資金成長曲線（MSFT）

　　下面為台灣積體電路分別在四種窗格下，最佳比例的累計對數資金成長：

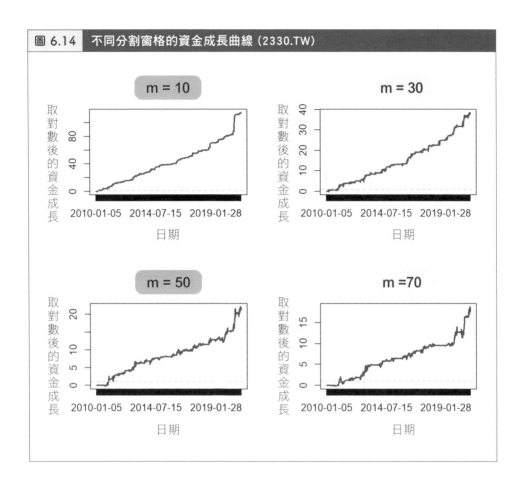

圖 6.14　不同分割窗格的資金成長曲線 (2330.TW)

有沒有發現上面三種標的，不論是哪一種窗格大小，其資金成長曲線皆很漂亮，都是明顯穩定的左下到右上成長。其原因在前面已經敘述過，根據凱利公式的理論，若在知道最佳比例的前提下，最後收益必定是為正，即使過程中可能有賺有賠。而分割窗格後，**每經過一個窗格，累計報酬勢必要創新高**，即使窗格內的曲線可能起起伏伏，但當多個窗格連接起來，就會連續創多個新高。因此，從整體時間 (1、2、$...$、T) 來看，便是一條穩定從左下到右上的資金成長曲線了。

　　這裡也可看出窗格大小分割的意義，當窗格分割得越小、窗格數量越多，資金成長曲線會越平滑向上。也就是說，當窗格數越多，創新高的次數也會越多，從而使得整體報酬呈現顯著提升。我們可以觀察到，不論是哪一檔股票，都是 $m = 10$ 的報酬優於 $m = 30$、$m = 30$ 又優於 $m = 50$ 的…以此類推，道理在這個地方。

　　當然，在現實的交易上，我們不可能有這種後見之明，知道要運用什麼樣的下注比例最好，不然每個人就發大財了。然而，本節的實驗，主要是想讓讀者知道，在進行交易策略的研發時，其實重點在於歷史資料的分析，觀察策略的損益分佈情況，讓我們預估適合的資金下注比例。

　　換句話說，在本節裡每一段窗格的下注比例雖是計算出來的最佳化結果，但我們若能發展一個方法，**可以預測這個後見之明的最佳比例，或是很接近這個答案，那便會有類似爆發性報酬成長的效果！**所有量化交易的工作，都是在預估這個最佳下注比例，至於要用怎樣的窗格，當然是越小越好，例如 $m = 1$，但這也最難預測。在下一節中，我們會試著建構模型來預測並運用最佳比例。

6.4 模型預測的困難 — 最佳比例真有用？

　　上一小節我們運用過去一段時間的漲跌分佈，去計算最佳下注比例進行回測。而確實我們用這樣的後見之明決定最佳下注比例，最後的損益結果肯定是獲利的。然而這是「後見之明」，畢竟沒有人知道當下的報酬分佈應該長什麼樣子。

　　考慮較為實際的情況，我們無法預知漲跌分佈為何。但一個直觀的想法，我們是否可以用過去一段時間股票的漲跌分佈，當作下一個週期股票漲跌的預估。這裡的週期我們先以日為單位，考慮某檔股票在過去 $S+1$ 個時間點的每日價格，假設為：

$$\left(p_0, p_1, \ldots, p_S \right)$$

> **注意！** 注意到上述價格的第一筆我們記為 P_0 而不是 P_1，主要是為了計算每日的漲跌幅，因此第一天的漲跌幅必需與前一日的收盤價做比較。所以我們將第一個**前一日**的價格記為 P_0。

　　第 t 天的漲跌幅定義為 $r_t = \dfrac{p_t}{p_{t-1}} - 1$，則過去 S 個交易日的漲跌幅如下所示：

$$R = \left(r_1, r_2, \ldots, r_S \right)$$

　　一個直觀的想法是，假設我們用過去 S 天的漲跌幅分佈當作下一個交易日的漲跌預估，也就是第 $S+1$ 天的漲跌，是從 R 抽樣出來。

第6章

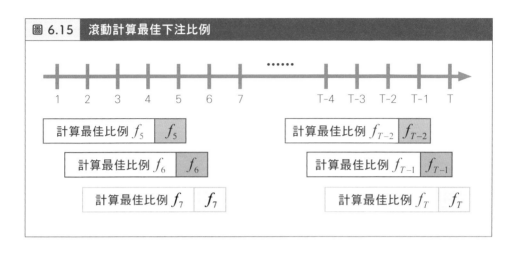

不失一般性，我們可先假設每個漲跌幅被抽到的機率為 $\dfrac{1}{S}$，則第 $S +$ 1 天的最佳比例 *Opt.(R)* 計算如下：

$$\text{Opt.}\left(R\right) = f_{S+1}^{*} = \operatorname*{argmax}_{f} \prod_{t=1}^{S}\left(1 + r_{t}f\right)^{\frac{1}{S}}$$

於是第 $S + 1$ 天的損益報酬為：

$$r_{S+1} \times f_{S+1}^{*}$$

假設日 K 棒的資料集為第 0 天到第 T 天，其中 $0 < S < T$。依照上述過程類推，我們可以回測第 $S + 1$ 天到第 T 天的損益，累計報酬為：

$$\left(\prod_{t=S+1}^{T} 1 + r_{S+1} \times f_{S+1}^{*}\right) - 1$$

我們將此方法用在 GOOG 股票上，期間為 2010 年到 2021 年的日 K 資料，並以過去 50 天的漲跌幅當作取樣空間，預測下一個交易日的漲跌福。若採用凱利比例下注，其損益圖如下：

圖 6.16 預測下一日的損益分佈 (GOOG)

可以發現，11 年來累積報酬僅僅只有 5% 左右，這甚至還沒扣掉手續費。讓我們試試看其他商品，下面為 MSFT 以日 K 為單位，在同樣條件下，2010 年到 2021 年的累計報酬曲線：

圖 6.17 預測下一日的損益分佈 (MSFT)

在 11 年下來大約只獲利 10%，兩檔股票的績效都不太好。當然這在交易上絕對不可行，不僅報酬率太低，且還沒扣掉手續費，若真實情況交易，那會慘不忍睹。

此外，我們也可試圖改善預估模型，使得績效更為漂亮。另一個直觀的想法是改變過去 S 天漲跌分佈的權重。讀者可以試想一下，是昨天的漲跌幅對於今天影響比較大，還是前幾天的漲跌幅對今天的影響較大？原本我們單純用過去 S 天漲跌分佈預測第 $S+1$ 天的漲跌，這是將過去 S 天的權重**平均計算**，也就是每天佔 $\dfrac{1}{S}$。但直覺上這較不合理，應該是越靠近當下時間的權重越大！

這個概念類似於**加權移動平均線**（Weighted Moving Average, WMA），我們可以設定過去 S 天漲跌幅的權重為：

$$W_S = \left(\frac{1}{\sum_{m=1}^{S} t}, \frac{2}{\sum_{m=1}^{S} t}, \ldots, \frac{S}{\sum_{m=1}^{S} t} \right)$$

則第 $S+1$ 天最佳化比例的計算如下：

$$f_{S+1}^* = \operatorname*{argmax}_{f} \prod_{t=1}^{S} \left(1 + r_t f\right)^{\frac{t}{\sum_{m=1}^{S} m}}$$

我們同樣以 GOOG 股票為例，下面為比較平均權重與加權權重實驗的結果。可以發現其實兩者差異不大，但加權移動平均要稍微好一些。

就結論來說，$R = (r_1, r_2, \ldots, r_S)$ 所產生的漲跌分佈是否可用來當作 $S +$ 1 天的預測？或許有標的物適合這樣的使用，但這個問題並沒有衡量標準。如果根據第 5 章相對熵表示資金成長的想法，或許可用最後累計報酬當作估計的機率是否準確的度量。

我們想討論一個問題，是否此檔股票適合用凱利法則的方式去交易？凱利法則的精神是在知道漲跌分佈的條件下，我們可以決定最佳下注比例，使得長期下來資金成長最大化。**所以，知道股票未來的漲跌分佈是最為關鍵的一步。如果有某種方法可以準確預估漲跌分佈，那凱利法則就是最佳解法！**

6.5 Ralph Vince 最佳下注比例

前面幾節介紹了如何運用最佳比例於股票交易中，在實證中我們觀察到一個現象，若用過去 S 天的漲跌預測下一天漲跌的分佈，計算出來的最佳比例往往很容易出現槓桿，也就是使用資金會大於 100%。這是因為每日漲跌的最大損失為 -10%（考慮日 K），這決定了我們會在 {0%, 1%, ..., 100%, ..., 200%, ..., 999%, 1000%} 之間尋找最佳比例，也因而只要計算出來的最佳比例大於 100%，那便是槓桿的使用。

我們再拿骰子賭局做舉例：

假設有一公正骰子。若出現 ⚀ ⚁ ⚂ 點為輸，賠掉下注資金的一半 (-50%)；若出現 ⚃ ⚄ 為贏，淨賺下注資金的一倍 (100%)；若出現 ⚅ 亦為贏，淨賺下注資金的兩倍 (200%)。試問最佳下注比例為何？

上述問題的報酬向量為 (-50%，100%，200%)，相對應的機率分別為 $\left(\dfrac{1}{2}, \dfrac{1}{3}, \dfrac{1}{6}\right)$，根據前述下注比例的計算方式，我們欲求 f 使得下列式子最大化：

$$\left(1 - 50\% \times f\right)^{1/2} \times \left(1 + 100\% \times f\right)^{1/3} \times \left(1 + 200\% \times f\right)^{1/6}$$

> **注意！** 注意到上式每一損益的次方項，已經轉化為機率，可以視為平均玩一次會發生的次數。

我們可畫出不同的下注比例，其相對應的資金增長。以此例子來說，我們必須在 {0%, 1%, ..., 199%, 200%} 之間找出資金成長最大的下注比例 f。

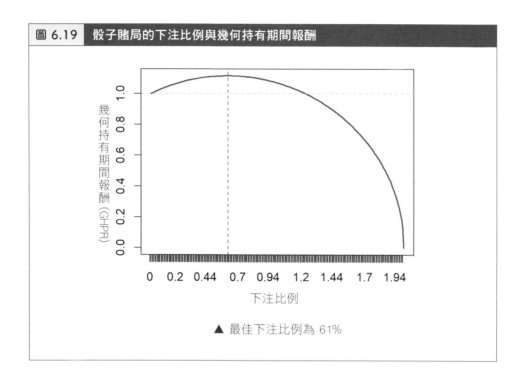

圖 6.19 骰子賭局的下注比例與幾何持有期間報酬

▲ 最佳下注比例為 61%

如上圖所示，我們得到 $f \approx 61\%$，資金報酬會有最大值發生，因此 61% 為此賭局的最佳下注比例。這意味著，若你有 100 元的初始賭金，第一次要拿 61 元去下注，有了損益增減後，後面也都是用剩餘資金的 61% 下注。如此長期下來，資金成長會最大化。

上述我們複習計算最佳比例的過程，本節要討論資金管理大師 Ralph Vince 對於最佳比例計算的方式，尤其用在於股票或期貨的部位管理。

對於 Vince 的研究可參考其相關書籍：

Vince, Ralph. Risk-opportunity analysis. 2012.

Vince, Ralph. The leverage space trading model: reconciling portfolio management strategies and economic theory. 2009.

　　Vince 將用於銅板賭局的凱利法則推導做更進一步的延伸，除了考慮多重損益賭局外，也將可能的**利潤**與**風險**先行單位化。首先。Vince 找出可能損益報酬裡的最大損失，將其當作基本單位，並且將各個可能的損益除上最大損失。舉例來說，上述骰子賭局原本的的三筆損益報酬為：

$$\left(-50\%、100\%、200\%\right)$$

　　由於最大損失是 -50%，將每一筆損益報酬都除上 -50%，並加上負號。Ralph Vince 考慮的賠率向量為：

$$\left(-\frac{-50\%}{-50\%},-\frac{100\%}{-50\%},-\frac{200\%}{-50\%}\right)=\left(-1,+2,+4\right)$$

　　簡單地說，(-1、+2、+4) 意味著在設定最大損失為 1 個單位的前提下，我們亦可能獲得 2 個單位的獲利，或是獲得 4 個單位的獲利。而最慘的就是會損失 1 個單位（計為 -1），類似銅板賭局會輸掉下注的 100% 資金。如此，**新的賠率向量，每一項皆是相對於最大損失的比值。**

　　Vince 於是將上述過程作完整的定義詮釋。以最大損失為單位，計算每一筆損益相對於最大損失的比值後取負號，乘上下注比例 f 後再加上 1，稱之為**持有期間報酬 (Holing Period Return, HPR)**，也就是：

$$HPR = 1 + f \times \frac{損益}{-最大損失}$$

　　其中，「損益」為原損益內的某一筆損益；「最大損失」為所有損益裡面賠最多錢的。因此，每一項損益都會有相對應的 HPR，將所有的 HPR 乘起來，Vicne 稱之為終端財富比較 (Terminal Wealth Relative, TWR)。若假設共有 S 筆損益當作樣本空間的抽樣，則：

$$\text{TWR} = \prod_{i=1}^{S} \text{HPR}_i = \prod_{i=1}^{S} \left(1 + f \times \frac{\text{損益}_i}{-\text{最大損失}} \right)$$

因為這是 S 期的報酬，我們若要計算每一期的成長率，還須將其開 S 次方根。Vince 稱之為**幾何持有期間報酬** (GHPR)：

$$\text{GHPR} = \text{TWR}^{\frac{1}{S}} = \left(\prod_{i=1}^{S} \left(1 + f \times \frac{\text{損益}_i}{-\text{最大損失}} \right) \right)^{\frac{1}{S}}$$

注意到，上述關於持有期間報酬 (HPR)、終端財富比較 (TWR)、幾何持有期間報酬 (GHPR)，其概念與前面第 3 章類似。差別只在用最大損失作為一個單位去計算。這是 Ralph Vince 定義的方式。

我們以上面骰子賭局為例做說明。以此例來說，以最大損失為單位的新賠率為 (-1, +2, +4)，相對應的發生機率為 $\left(\frac{1}{2}, \frac{1}{3}, \frac{1}{6} \right)$，則其幾何持有期間報酬表示為：

$$\text{GHPR}(f) = (1 - f)^{\frac{1}{2}} \times (1 + 2f)^{\frac{1}{3}} \times (1 + 4f)^{\frac{1}{6}}$$

我們繪製出所有下注比例相對應的 GHPR，如下圖所示：

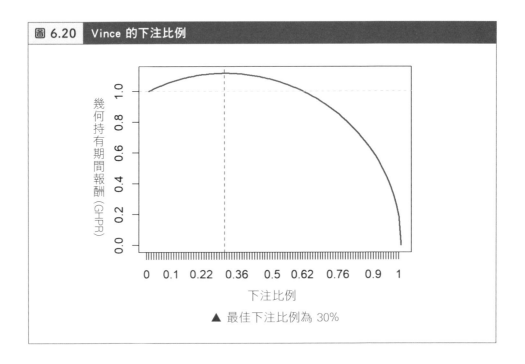

圖 6.20　Vince 的下注比例

▲ 最佳下注比例為 30%

　　由上圖可知當下注比例約為 30% 時，有最大的 GHPR。與前述不同的是，如此計算方式的下注比例，其範圍必定介於 0% ~ 100% 之間，似乎不會用到槓桿。接下來，我們會解釋 $f \approx 30\%$ 的意義，是否與原先計算的 $f \approx 61\%$ 有所矛盾。

　　假設初始資金為 100 元，因為用 Vince 的最佳下注比例計算為 30%。這意思是說，每一次下注若結果是輸，會賠掉總資金的 30%。因此，我們用 30% 除上最大虧損 -50%，得到：

$$\left| \frac{30\%}{-50\%} \right| = 60\%$$

　　換句話說，60% 才是真正要下的比例。當初始資金為 100 元時，需下注 60 元，若是遇到 50% 的虧損，那就是賠了 30 元，也就是 Vince 最佳比例的 30%。Ralph Vince 的計算方式與本書的計算方式，結果並沒有衝突。

6.6 Vince 最佳下注比例用於股票交易

在前一小節中,我們以骰子賭局的損益規則來計算 Ralph Vince 的最佳比例。但在實際的交易策略建構上,可能是以**絕對損益**為考量元素。舉例來說,假設有一檔股票,採用均線交叉策略進行買賣,我們欲決定適合的資金部位來執行這個策略。直觀的想法是利用該策略過去的損益,當作賠率的分佈,進而計算最佳比例。假設該策略過去有 10 筆交易紀錄,其中每股損益如下(元/股):

①　②　③　④　⑤　⑥　⑦　⑧　⑨　⑩
+12、-5、+3、-4、+18、-10、-2、+5、+2、-3

可觀察到此策略在過去十筆交易裡,每股最大損失為 10 元、每股最大獲利為 12 元。我們將每一筆損益除上最大損失 10 元,計算如下:

①　②　③　④　⑤　⑥　⑦　⑧　⑨　⑩
$\frac{12}{10}$、$\frac{-5}{10}$、$\frac{3}{10}$、$\frac{-4}{10}$、$\frac{18}{10}$、$\frac{-10}{10}$、$\frac{-2}{10}$、$\frac{5}{10}$、$\frac{2}{10}$、$\frac{-3}{10}$

若不考慮每一筆交易實際需花費的成本(每股金額),我們可想成每次都是拿 10 元作賭注,最大損失是輸了全部(10 元),最大獲利會另外淨賺 12 元。這樣就類似當初推導凱利公式時的銅板賭局,於是我們得到新的賠率 B_1 如下:

$$B_1 = (1.2, -0.5, 0.3, -0.4, 1.8, -1, -0.2, 0.5, 0.2, -0.3)$$

因此，最佳下注比例的計算變為：

$$f^* = \operatorname*{argmax}_f \prod_{i=1}^{10} \left(1 + fB_{1i}\right)$$

Tip 其中，B_{1i} 表示 B_1 向量中的第 i 個元素。

在上述的計算中，f 的範圍勢必介於 $0 \le f \le 100\%$。這是因為我們將最大損失視為 1 個單位，並且將所有損益除上最大損失。因此，每一筆損益都是相對於最大損失的比例，最慘就是輸掉 100%。經由計算，上述的例子其最佳比例為：

$$f^* = \operatorname*{argmax}_f \prod_{i=1}^{10} \left(1 + fB_{1i}\right) = 28.8\%$$

現在問題來了，這 28.8% 代表說要用 28.8% 的資金去買股票嗎？答案是否定的，類似上一節處理骰子賭局的方式，我們來看股票實務上如何決定資金的使用。

由於策略的最大損失為每股 10 元，但股票買賣是以張為單位，每張股票是 1,000 股，也就是用此策略交易一張股票最多會賠 10,000 元。由於上述計算出來的最佳比例為 28.8%，這意味著最多賠掉下注成本的 28.8%，因此我們可將買一張股票要準備的金額計算如下：

$$準備金額 = \frac{10,000}{28.8\%} \cong 34,723$$

上述計算可推得資金的使用方式，每 34,723 元可買進一張股票。注意到對於資金使用的計算，我們都是採取風險保守為優先，因此上述關於準備資金的公式，我們採用下高斯（小於等於的最大整數）計算。若總資金有 100 萬元，則可以買 $\left| \dfrac{1,000,000}{34,723} \right| \approx 28$ 張股票，此為最佳下注比例運用在交易策略上的方式。

上述的推導過程中，**我們並沒有討論到每張股票當下的價位**。實際上我們不管買一張股票需要多少錢，我們都要準備 34,723 元，才夠資格買進一張股票。也許一張股票的價格大於 34,723 元，那最佳比例便是大於 100%，也就是用到槓桿；如果一張股票的價格小於 34,723 元，那最佳比例便是小於 100%，也就是會保留部分現金。

然而，上面結論告訴我們。似乎股價的高低，與資金管理決定多少比例是沒有關係的，這似乎違反大部分人的直覺。一般人會覺得說，高股價的股票，風險較大；而低股價的雞蛋水餃股，沒什麼風險。這是因為買高股價的股票，例如每股 1,000 元，那買一張就要投入 100 萬，而 100 萬可能對大部份投資人的總資金來說，是不小的投資比例。至於雞蛋水餃股，多半在 10 元上下，大部分投資人買進，就算 10 張也不到 10 萬元，因此投資人會覺得風險較低，這其實是人性面錯誤的感覺！

所有的風險，都來自於股價波動的度量（例如漲跌幅）。「股價的波動」才能決定適合用多少資金比例去操作。我們從另一個角度看上面這個結論，分別考慮不同的股價，並以其漲跌幅（報酬率）當作賠率，來計算最佳下注比例。

如果股票價格是 100 元，因為一張股票是 1,000 股，買進一張股票就是 10 萬元。為了方便計算，我們先假設這十筆交易裡，每一筆買進一張股票的價格皆為 10 萬元，則策略十筆損益相當於報酬率為：

$$B_2 = (12\%, -5\%, 3\%, -4\%, 18\%, -10\%, -2\%, 5\%, 2\%, -3\%)$$

若將上述報酬率當作賠率，我們亦可計算最佳下注比例：

$$f^{**} = \operatorname*{argmax}_{f} \prod_{i=1}^{10} \left(1 + fB_{2i}\right)$$

Tip 其中，B_{2i} 表示 B_2 向量中的第 i 個元素

可得 $f^{**} = 288\%$。換句話說，因為每張股票 10 萬，那 10 萬塊的現金，我們必須想辦法把這 10 萬塊，當作 28.8 萬用，買到 2.88 張股票。或是將 10 萬塊除上最佳下注比例 f^{**}，得到：

$$\frac{100,000}{288\%} = 34,723$$

也就是用 34,723 元買一張價值 10 萬元的股票。

我們來看另外一個例子，如果股票價格是 200 元，買進一張股票為 20 萬元，則每筆損益相當於報酬率為：

$$6\%,\; -2.5\%,\; 1.5\%,\; -2\%,\; 9\%,\; -5\%,\; -1\%,\; 2.5\%,\; 1\%,\; -1.5\%$$

若由上述報酬率去計算，最佳下注比例為 575%。換句話說，因為每張股票 20 萬，那 20 萬的現金，我們必須當作約 115（= 20 × 575%）萬用，也就是買進 5.75 張股票。或是將一張股票除上最佳比例，得：

$$\frac{200,000}{5.75} = 34,783$$

也就是我們要用 34,783 元買進一張價值 20 萬元的股票，才符合 5.75 倍槓桿的資金使用。

上面所舉股價例子計算出來的最佳比例，是具有槓桿的。我們再來考慮其他股價情況。假設股票價格為 20 元，買進一張股票成本為 2 萬元，則報酬率變為：

$$B_3 = \left(\frac{12}{20}, \frac{-5}{20}, \frac{3}{20}, \frac{-4}{20}, \frac{18}{20}, \frac{-10}{20}, \frac{-2}{20}, \frac{5}{20}, \frac{2}{20}, \frac{-3}{20} \right)$$

計算最佳下注比例：

$$f^{***} = \underset{f}{\mathrm{argmax}} \prod_{i=1}^{10} \left(1 + fB_{3i} \right)$$

Tip 其中，B_{3i} 表示 B_3 向量中的第 i 個元素

可得 $f^{***} = 58\%$。所以，買進一張股票所需金額為：

$$\frac{20,000}{0.58} = 34,483$$

這意思是，用 34,483 元買進一張 2 萬元的股票為最佳比例。如果操作的資金是 100 萬元，則買進：

$$\frac{100,000}{34,483} = 28$$

也就是用 100 萬資金操作，最佳比例是買進 28 張股票，共會花費 56 萬。

第 6 章

上面我們計算最佳比例的結果：股價分別是 100 元、200 元、20 元時，分別要用 34,723 元、34,783 元、34,483 元買進一張，可觀察到所運用的資金大小幾乎是一樣的。**這也反映無論股價高低，要用多少資金比例做投資，只與股價的波動機率分佈有關係。**

許多人可能會覺得做高價股危險，做期貨、選擇權更危險。事實上所有的風險都是投資人可以自行掌控的。就算是做期貨，一般人覺得期貨波動很大，那是因為只用很少的保證金做期貨的關係。當我只用一口保證金，有很大的機率會賠掉一口保證金的錢，那幾乎就是賠掉資金的 100%，若用這觀點來看，損益波動自然大。但保證金是主管單位或期貨商規定做一口期貨的最低門檻，投資人大可準備更多的資金去做一口期貨。試想看看，若我們做期貨是沒有槓桿的，那每天的漲跌波動，其實也就是大盤的漲跌幅，那長期下來的波動能有多少，風險自然較容易掌控。

6.7 | 離散機率分佈下的最佳下注比例

多重賠率賭局更貼近現實生活中的各種應用，尤其在股市交易中。我們若能將股票每天的漲跌用離散機率分佈表示出來，似乎便可計算最適合的下注比例。接下來，我們將以數學推導的方式來找出多重賠率賭局下的最佳下注比例。

不失一般性，我們假設某檔股票策略，其離散報酬分佈為：

$$R = \left(r_1, r_2, \ldots, r_N \right)$$

且相對應的機率為：

$$P = \left(p_1, p_2, \ldots, p_T \right)$$

我們可推導要求最佳化比例公式如下：

$$p_1 \ln \left(1 + r_1 f \right) + p_2 \ln \left(1 + r_2 f \right) + \ldots + p_N \ln \left(1 + r_N f \right) = \sum_{k=1}^{N} p_k \ln \left(1 + r_k f \right)$$

> **注意！** 上述的式子並沒有封閉解，詳細可參考論文：Q. J. Zhu, "Mathematical analysis of investment systems", Journal of Mathematical Analysis and Applications

欲解上述式子，傳統方法是可將其對 f 微分，並且令為 0，得：

$$\sum_{k=1}^{N} \frac{p_k r_k}{1 + r_k f} = 0$$

第 6 章

求解 f^* 滿足上列式子，即為最佳下注比例。

另一方面，若用 Vince 最佳比例方法去計算，最佳比例公式推導如下：

令 $BL = \min\{r_1, r_2, \ldots, r_N\}$，注意到我們必須假設 $BL < 0$，令

$$\overline{R} = \frac{R}{-BL} = \left(\frac{r_1}{BL}, \frac{r_2}{BL}, \ldots, \frac{r_1}{BL}\right) = \left(\overline{r_1}, \overline{r_2}, \ldots, \overline{r_N}\right)$$

於是，我們欲最大化的式子為：

$$\sum_{k=1}^{N} p_k \ln\left(1 + \overline{r_k}f\right) = p_1 \ln\left(1 + \overline{r_1}f\right) + p_2 \ln\left(1 + \overline{r_2}f\right) + \ldots + p_N \ln\left(1 + \overline{r_N}f\right)$$

接下來，要決定 f 使得上述式子有最大值。首先對變數 f 作微分並令為 0，得到：

$$\sum_{k=1}^{N} \frac{p_k \overline{r_k}}{1 + \overline{r_k}f} = 0$$

求 f^{**} 滿足上面式子即為 Vince 最佳比例的解。

事實上，上述兩種最佳比例的計算實際上在論述同一件事。若 f^{**} 滿足上述等式，也就是：

$$\sum_{k=1}^{N} \frac{p_k \overline{r_k}}{1 + \overline{r_k}f^{**}} = 0$$

我們可令 $f^* = \dfrac{f^{**}}{\mathrm{BL}}$。因為 $\overline{r_k} = \dfrac{r_k}{\mathrm{BL}}$，分別用 f^* 與 r_k 代入上式，可得：

$$\sum_{k=1}^{N} \frac{p_k \dfrac{r_k}{\mathrm{BL}}}{1 + \dfrac{r_k}{\mathrm{BL}} \mathrm{BL} f^*} = \frac{1}{\mathrm{BL}} \sum_{k=1}^{N} \frac{p_k r_k}{1 + r_k f^*} = 0$$

因為 BL 為常數，上式可知 f^* 亦為 $\displaystyle\sum_{k=1}^{N} \frac{p_k r_k}{1 + r_k f} = 0$ 的解。換句話說，原始報酬向量當作賠率的最佳比例計算 f^*，與 Vicne 除上最大損失的最佳比例計算 f^{**}，其關係為：

$$f^{**} = \mathrm{BL} \times f^*$$

凱利公式是針對二元賭局去計算最佳比例，若是超過三種以上的損益，多元損益的賭局並沒有封閉解。對於計算最佳比例的精確解或近似解，是個值得研究的好問題，對於賠率分佈的改變，會如何影響最佳比例的變化？我們目前似乎只能用暴力解的方式，將各個下注比例 $f = 1\%$、$f = 2\%$、...、$f = 99\%$、$f = 100\%$ 代進去計算。

第 6 章

MEMO

第 7 章

骰子賭局與賽馬賭局的
資金成長

第 5 章我們說明了銅板賭局裡，凱利賭徒的資金成長可以用相對熵的方式表示。而第 6 章介紹了多重損益賭局，稱之為骰子賭局。我們也證明了玩家最重要的任務是估計賭局的勝率，或是**估計勝率貼近有限次賭局下的輸贏比例**。然而，在多重損益賭局裡，是否也能得到類似結論呢？換句話說，骰子賭局的資金成長是否也可用相對熵的方式表示？此外，除了骰子賭局，在本章中我們也會介紹賽馬賭局，用數學推導來呈現何謂賭馬的最佳策略。

7.1　消失的公平機率

考慮有 N 種賠率的骰子賭局玩 T 次，假設賠率為 $B = (b_1, b_2, \ldots, b_N)$。玩家認為的勝率為 $P = (p_1, p_2, \ldots, p_N)$，且根據計算出的最佳下注比例玩 T 次，若每種損益分別出現 $(w_1, w_2, \ldots, w_N)$ 次，也就是 N 種損益的賭局玩 T 次後，實際輸贏比例為 $R = \left(\dfrac{w_1}{T}, \dfrac{w_2}{T}, \ldots, \dfrac{w_N}{T} \right)$。我們想探討，用最佳比例玩 T 次後的期望對數成長，是否也如銅板賭局的期望對數成長，可以用相對熵的方式呈現？

直覺上是會有的。之所以這麼說，是因為我們沒辦法用銅板賭局證明的方式，將所謂的最佳化比例的公式解代入推導得出。換句話說，骰子賭局可能根本沒有最佳化比例的封閉解。另一點是超過兩種以上 ($N \geq 3$) 賠率的賭局，我們無法確切知道對應於賠率 $B = (b_1, b_2, \ldots, b_N)$ 的公平機率，理由如下：

假設公平機率為 $P_B = \left(P_{b_1}, P_{b_2}, \ldots, P_{b_N} \right)$，則**賠率**與**公平機率**必定滿足下面三個關係式：

1. **期望值為 0**：$P_{b_1} \times b_1 + P_{b_2} \times b_2 + \ldots + P_{b_N} \times b_N = 0$

2. **機率相加為 1**：$P_{b_1} + P_{b_2} + \ldots + P_{b_N} = 1$

3. **機率界在 0 與 1 之間**：$0 \le P_{b_1}, P_{b_2}, \ldots, P_{b_N} \le 1$

上面三組方程式，當 $N \ge 3$ 時，不足以讓 $P_B = \left(P_{b_1}, P_{b_2}, \ldots, P_{b_N} \right)$ 有唯一解，也就是我們無法確切計算此賠率相對應的公平機率是什麼。如此來看，沒有公平機率似乎就沒辦法有相對熵的表示。或是公平機率在多重損益賭局裡有另外一種表現，不僅止於上面三條等式與不等式的限制。下一小節，我們於是從下注後的資金成長公式來推演，是否多重損益賭局亦有相對熵表現的方式。

7.2 多重損益賭局下的資金成長

同 7.1 小節所考慮的骰子賭局，N 種賠率的骰子賭局玩 T 次，賠率為 $B = (b_1, b_2, \ldots, b_N)$，若從玩家認為的勝率 $P = (p_1, p_2, \ldots, p_N)$ 去計算最佳化比例 f^*，則 f^* 會滿足：

$$f^* = \operatorname*{argmax}_{f} \sum_{n=1}^{N} p_n \log(1 + b_n f)$$

若玩 T 次後，N 種損益（賠率）分別出現 $(w_1, w_2, \ldots, w_N)$ 次，也就是 $\sum_{n=1}^{N} w_n = T$。因此，T 次賭局後每種賠率出現的比例為 $R = \left(\dfrac{w_1}{T}, \dfrac{w_2}{T}, \ldots, \dfrac{w_N}{T} \right)$，則最後實際的資金成長為：

$$G_T = \prod_{n=1}^{N} \left(1 + b_n f^* \right)^{w_n}$$

我們計算資金的期望對數成長，也就是將 G_T 取 log（以 e 為底）後再除上 T，可得：

$$\frac{1}{T} \log G_T = \frac{1}{T} \log\left(\left(1 + b_1 f^* \right)^{w_1} \times \left(1 + b_2 f^* \right)^{w_2} \times \ldots \times \left(1 + b_N f^* \right)^{w_N} \right)$$

$$= \frac{w_1}{T} \log\left(1 + b_1 f^* \right) + \frac{w_2}{T} \log\left(1 + b_2 f^* \right) + \ldots + \frac{w_N}{T} \log\left(1 + b_N f^* \right)$$

$$= \sum_{n=1}^{N} \frac{w_n}{T} \log\left(1 + b_n f^* \right)$$

　　為了推導出類似銅板賭局期望對數成長的相對熵表示，我們另外定義 B_n 如下：

$$B_n = \frac{1 + b_n f^*}{p_n}$$

也就是：

$$p_n B_n = 1 + b_n f^*$$

Tip 讀者可先注意，B_n 是由 f^* 計算得來。

　　其中 $n \in \{1, 2, \ldots, N\}$。這裡先不解釋 B_n 的意義，我們接續上述式子的推導，則期望對數成長推導如下：

$$\sum_{n=1}^{N} \frac{w_n}{T} \log\left(1 + b_n f^*\right)$$

$$= \sum_{n=1}^{N} \frac{w_n}{T} \log\left(p_n B_n\right)$$

$$= \sum_{n=1}^{N} \frac{w_n}{T} \left(\log\left(p_n\right) + \log\left(B_n\right)\right)$$

$$= \sum_{n=1}^{N} \frac{w_n}{T} \left(\log\left(\frac{W_n}{T}\right) - \log\left(\frac{1}{B_n}\right)\right) - \sum_{n=1}^{N} \frac{w_n}{T} \left(\log\left(\frac{W_n}{T}\right) - \log\left(p_n\right)\right)$$

$$= \mathrm{KL}\left(R \parallel P_B\right) - \mathrm{KL}\left(R \parallel P\right)$$

其中，$R = \left(\dfrac{w_1}{T}, \dfrac{w_2}{T}, ..., \dfrac{w_N}{T}\right)$ 表示各賠率事件發生的比例；$P_B = \left(\dfrac{1}{B_1}, \dfrac{1}{B_2}, ..., \dfrac{1}{B_N}\right)$、$P = \left(p_1, p_2, ..., p_N\right)$ 為玩家自認為的機率，並且用此機率計算玩家認為的最佳下注比例 f^*，滿足：

$$f^* = \underset{f}{\operatorname{argmax}} \sum_{n=1}^{N} p_n \log\left(1 + b_n f\right)$$

上面推導證明了多重損益的賭局亦會有類似相對熵形式的期望對數成長，玩家需要準確地預估賭局勝率。且當 $P = R$ 時，凱利賭徒「似乎」會有最大的期望對數成長 $\mathrm{KL}\left(R \| P_B\right)$。然而，跟銅板賭局不一樣的是，這裡所謂的公平機率 P_B 亦包含了 B_n 及玩家的下注比例 f^*，而 f^* 又是根據玩家認為的勝率 P 算出。換句話說，在骰子賭局裡，玩家對勝率的認知似乎跟這裡所謂的**公平機率**有關係。這相當不自然！若玩家認為的賭局勝率 P 會關乎到 $\mathrm{KL}\left(R \| P_B\right)$ 的大小，我們就不能宣稱當 $P = R$ 時，玩家會有最大的期望對數成長了，必需要用其他的方式討論。

接下來，我們將討論上述推導過程的細節，包括解釋公平勝率 P_B 的意義，以及是否玩家的任務依然跟銅板賭局一樣，只需準確的預估賭局勝率就好。

7.3 | 多重損益賭局下的公平機率

上一小節最後相對熵的公式推導，似乎表現了 P_B 為骰子賭局的公平機率，定義為：

$$P_B = \left(\frac{1}{B_1}, \frac{1}{B_2}, \ldots, \frac{1}{B_N} \right) \text{，其中 } B_n = \frac{1 + b_n f^*}{p_n}$$

或者我們可以表示 P_B 為：

$$P_B = \left(\frac{p_1}{1 + b_1 f^*}, \frac{p_2}{1 + b_2 f^*}, \ldots, \frac{p_N}{1 + b_N f^*} \right) \text{ 且 } f^* = \operatorname*{argmax}_f \sum_{n=1}^{N} p_n \log\left(1 + b_n f\right)$$

將上述的機率 P_B 與「銅板賭局」的公平機率比較，似乎看不出其「公平」之處。銅板賭局的公平機率只是賠率 b 的函數，也就是賠率加 1 後取倒數（假設輸的賠率為 -1）。但上面的公平機率 P_B 與玩家認為的機率 $P = (p_1, p_2, \ldots, p_N)$ 有關，與玩家認為機率下計算的最佳下注比例 f^* 有關。我們甚至不知道上述 P_B 是否真為一個機率？若 P_B 是一個機率，則 P_B 的每一項皆為正數且落在 0 與 1 之間，並且全部的和要為 1。如下表示：

1. $0 \le \dfrac{p_n}{1 + b_n f^*} \le 1$ ，對於所有的 $n \in \{1, 2, \ldots, N\}$

2. $\displaystyle\sum_{n=1}^{N} \frac{p_n}{1 + b_n f^*} = 1$ ，其中 $f^* = \operatorname*{argmax}_f \sum_{n=1}^{N} p_n \log\left(1 + b_n f\right)$

第7章

除此之外，我們希望證明 7.1 小節推導的對數期望成長公式，最大值發生在 $P = R$，也就是玩家認為的機率與實際發生的輸贏比例一樣時（$p_n = \dfrac{w_n}{T}$，對於所有 $n \in \{1, 2, \ldots, N\}$），會有最大的資金期望對數成長 $\mathrm{KL}\left(R \parallel P_B\right)$。

我們分別看下面兩個定理，其中定理 1 的證明已於 7.1 小節推導完畢。

● **定理 1：**

考慮賠率為 $B = \left(b_1, b_2, \ldots, b_N\right)$ 的多重損益賭局玩 T 次，若 T 次後的實際輸贏比例（賠率分佈）為 $R = \left(\dfrac{w_1}{T}, \dfrac{w_2}{T}, \ldots, \dfrac{w_N}{T}\right)$，且玩家認為 N 個事件發生的機率為 $P = \left(p_1, p_2, \ldots, p_N\right)$，並根據 P 計算最佳比例 f^* 下注，則玩 T 次後資金的期望對數成長為：

$$\mathrm{KL}\left(R \parallel P_B\right) - \mathrm{KL}\left(R \parallel P\right)$$

其中

$$P_B = \left(\frac{p_1}{1 + b_1 f^*}, \frac{p_2}{1 + b_2 f^*}, \ldots, \frac{p_N}{1 + b_N f^*}\right), \text{ 且 } f^* = \operatorname*{argmax}_f \sum_{n=1}^{N} p_n \log\left(1 + b_n f\right)$$

● **定理 2：**

承定理 1，多重損益賭局中的期望對數成長，最大值發生在 $P = R$。也就是對於所有的 P，滿足下列不等式：

$$\mathrm{KL}\left(R \parallel P_B^*\right) \geq \mathrm{KL}\left(R \parallel P_B\right) - \mathrm{KL}\left(R \parallel P\right)$$

其中

$$P_B^* = \left(\frac{\frac{w_1}{T}}{1 + b_1 f_B^*}, \frac{\frac{w_2}{T}}{1 + b_2 f_B^*}, \ldots, \frac{\frac{w_N}{T}}{1 + b_N f_B^*} \right) \text{，且} f_B^* = \underset{f}{\mathrm{argmax}} \sum_{n=1}^{N} \frac{w_n}{T} \log\left(1 + b_n f\right)$$

- **證明 (定理 2)：**

  令 $B^* = \left(B_1^*, B_2^*, \ldots, B_N^* \right)$ 滿足 $\dfrac{w_n}{T} B_n^* = 1 + b_n f_B^*$，

  對於所有的 $n \in \{1, 2, \ldots, N\}$。也就是

$$P_B^* = \left(\frac{\frac{w_1}{T}}{1 + b_1 f_B^*}, \frac{\frac{w_2}{T}}{1 + b_2 f_B^*}, \ldots, \frac{\frac{w_n}{T}}{1 + b_N f_B^*} \right) = \left(\frac{1}{B_1^*}, \frac{1}{B_2^*}, \ldots, \frac{1}{B_N^*} \right)$$

注意到原本 $p_n B_n = 1 + b_n f^*$ 的 B_n 是以玩家認為的 p_n 為主要參數算出來的，也因此才有所謂的玩家認為的最佳比例 f^*。而 B^* 是以實際的輸贏分佈 $\dfrac{w_n}{T}$ 計算出來的，也才會有後見之明的最佳下注比例 f_B^*。我們再一次整理 P_B 與 P_B^* 如下：

$$P_B = \left(\frac{1}{B_1}, \frac{1}{B_2}, \ldots, \frac{1}{B_N} \right) = \left(\frac{p_1}{1 + b_1 f^*}, \frac{p_2}{1 + b_2 f^*}, \ldots, \frac{p_N}{1 + b_N f^*} \right)$$

$$P_B^* = \left(\frac{1}{B_1^*}, \frac{1}{B_2^*}, \ldots, \frac{1}{B_N^*} \right) = \left(\frac{\frac{w_1}{T}}{1 + b_1 f_B^*}, \frac{\frac{w_2}{T}}{1 + b_2 f_B^*}, \ldots, \frac{\frac{w_N}{T}}{1 + b_N f_B^*} \right)$$

第7章

首先，我們考慮後見之明的最佳情況，也就是玩家認為機率是 $P = R$。此時玩家的期望對數成長為：

$$\sum_{n=1}^{N} \frac{w_n}{T} \log\left(1 + b_n f_B^*\right)$$

其中 $f_B^* = \underset{f}{\operatorname{argmax}} \sum_{n=1}^{N} \frac{w_n}{T} \log\left(1 + b_n f\right)$，代表玩家確實預估到實際的輸贏比例，並且用來計算最佳下注比例 $f = f_B^*$。我們持續推導後見之明玩家的期望對數成長：

$$\sum_{n=1}^{N} \frac{w_n}{T} \log\left(1 + b_n f_B^*\right)$$

$$= \sum_{n=1}^{N} \frac{w_n}{T} \log\left(\frac{w_n}{T} B_n^*\right)$$

$$= \sum_{n=1}^{N} \frac{w_n}{T} \left(\log\left(\frac{w_n}{T}\right) + \log\left(B_n^*\right) \right)$$

$$= \sum_{n=1}^{N} \frac{w_n}{T} \left(\log\left(\frac{W_n}{T}\right) - \log\left(\frac{1}{B_n^*}\right) \right)$$

$$= \mathrm{KL}\left(R \parallel P_B^*\right)$$

另一方面，由原本的推導可知：

$$\sum_{n=1}^{N} \frac{w_n}{T} \log\left(1 + b_n f^*\right) = \mathrm{KL}\left(R \parallel P_B\right) - \mathrm{KL}\left(R \parallel P\right)$$

因此，我們得到以下兩個等式：

1. $\displaystyle\sum_{n=1}^{N} \frac{w_n}{T} \log\left(1 + b_n f_B^*\right) = \mathrm{KL}\left(R \parallel P_B^*\right)$

   其中

$$P_B^* = \left(\frac{\dfrac{W_1}{T}}{1 + b_1 f_B^*}, \frac{\dfrac{W_2}{T}}{1 + b_2 f_B^*}, \ldots, \frac{\dfrac{W_N}{T}}{1 + b_N f_B^*} \right), \quad \text{且 } f_B^* = \underset{f}{\mathrm{argmax}} \sum_{n=1}^{N} \frac{w_n}{T} \log\left(1 + b_n f\right)$$

2. $\displaystyle\sum_{n=1}^{N} \frac{w_n}{T} \log\left(1 + b_n f^*\right) = \mathrm{KL}\left(R \parallel P_B\right) - \mathrm{KL}\left(R \parallel P\right)$

   其中

$$P_B = \left(\frac{p_1}{1 + b_1 f^*}, \frac{p_2}{1 + b_2 f^*}, \ldots, \frac{p_N}{1 + b_N f^*} \right), \quad \text{且 } f^* = \underset{f}{\mathrm{argmax}} \sum_{n=1}^{N} p_n \log\left(1 + b_n f\right),$$

對於任意玩家認為的機率 $P = \left(p_1, p_2, \ldots, p_N\right)$。

又根據定義 $f_B^* = \underset{f}{\mathrm{argmax}} \displaystyle\sum_{n=1}^{N} \frac{w_n}{T} \log\left(1 + b_n f\right)$，我們可知對於所有玩家認為的機率 $P = \left(p_1, p_2, \ldots, p_N\right)$，有下列不等式：

$$\sum_{n=1}^{N} \frac{w_n}{T} \log\left(1 + b_n f_B^*\right) \geq \sum_{n=1}^{N} \frac{w_n}{T} \log\left(1 + b_n f\right)$$

第7章

考慮上述 1. 和 2. 兩個等式的左半部，我們可得：

$$\sum_{n=1}^{N} \frac{w_n}{T} \log\left(1 + b_n f_B^*\right) \geq \sum_{n=1}^{N} \frac{w_n}{T} \log\left(1 + b_n f^*\right)$$

其中，$f^* = \underset{f}{\mathrm{argmax}} \sum_{n=1}^{N} p_n \log\left(1 + b_n f\right)$，對於所有可能的機率 P。因此，我們得到結論：

$$\mathrm{KL}\left(R \parallel P_B^*\right) \geq \mathrm{KL}\left(R \parallel P_B\right) - \mathrm{KL}\left(R \parallel P\right)$$

得證。

我們重新整理上面敘述。玩家先有認為的機率 P，所以可根據莊家給的賠率 B 計算最佳下注比例 f^*，其資金期望對數成長為 $\mathrm{KL}\left(R \parallel P_B\right) - \mathrm{KL}\left(R \parallel P\right)$，$P_B$ 為所謂的公平機率，與賠率 B 和機率 P 相關。

此外，當 $R = P$，也就是預估的機率與實際發生的比例一樣時，資金會有最大成長。即：

$$\mathrm{KL}\left(P \parallel P_B^*\right) \geq \mathrm{KL}\left(R \parallel P_B\right) - \mathrm{KL}\left(R \parallel P\right)，對於所有的 R$$

7.4 賽馬賭局 — 賭你的信念

到目前為止，我們一共介紹過的賭局型態，包括銅板賭局與骰子賭局。除了計算其最佳下注比例，我們也推得在最佳下注比例的玩法下，其獲利可用相對熵的型態去表示，並且證明獲利量化與估計賭局事件機率的關係。本章節我們要看另一種賭局型態，稱之為賽馬賭局。敘述如下：

賽馬賭局 (Horse Racing)

假設有 N 匹馬競賽，有一筆錢分別要下注這 N 匹馬，看誰最後會得到冠軍？每匹馬的賠率分別為 $(b_1, b_2, ..., b_N)$，也就是賭 1 塊錢在第 n 匹馬，若第 n 匹馬得冠軍可拿回 $1 + b_n$ 元。試問該如何分配這筆錢於每場比賽的馬匹下注？

> **Tip** 在此考慮的賭局狀況只有**馬匹獨贏**，不考慮其他名次等更複雜的情況。

我們可令 $B_n = \dfrac{1}{1 + b_n}$，對於所有的 $n \in \{1, 2, ..., N\}$。也就是令：

$$B = (B_1, B_2, ..., B_N) = \left(\frac{1}{1 + b_1}, \frac{1}{1 + b_2}, ..., \frac{1}{1 + b_N} \right)$$

第 7 章

B　代表馬場莊家開的賠率所反映的公平機率。注意到這裡的公平機率，也意味著玩家只要下超過公平機率作為比例的資金量，一旦事件發生，保證不會賠錢。舉例來說，假設第 n 匹馬下注 $\dfrac{1}{1+b_n}$ 資金比例，一旦第 n 匹馬贏，則可拿回：

$$\frac{1}{1+b_n} \times b_n + \frac{1}{1+b_n} = 1$$

也就是當初下注的原始資金。因此，若是 $\displaystyle\sum_{n=1}^{N} B_n < 1$，則對玩家來說只需將資金按照 B 分配到 N 匹馬下注，則每 1 塊錢便可套利 $1-\displaystyle\sum_{n=1}^{N} B_n$ 元；反之，若 $\displaystyle\sum_{n=1}^{N} B_n > 1$，則是莊家設計好要收取利潤的水錢。

注意！　這與之前討論的銅板賭局或骰子賭局不同地方在於，賽馬賭局有 N 個選項可以下注，我們必須考慮這 N 個選項各要分配多少資金。而傳統的銅板賭局或是前面提及的擲骰子賭局，我們只能選擇要拿多少資金下注，並且等待開獎結果決定這一局的損益金額。例如單一股票的交易就像骰子賭局，只能決定要下注多大的部位於這檔股票上。

讓我們先來討論，每一局最佳資金比例下注的方式，是否要把所有資金分配到每一匹馬的下注上，還是可以保留現金？跟前述的銅板賭局不一樣的是，銅板賭局若不保留現金（也就是全押），一旦遇到輸的事件，那將會輸掉所有資金。**但賽馬賭局每一局必有一匹馬會勝出，若是可以保留現金，便會造成資金閒置的浪費**。因為不管是什麼樣的現金保留方式，還是需將保留現金以外的資金，按照某一個最佳比例分配到 N 匹馬上。既然是最佳比例，那保留的現金也可用此最佳比例再重新分配下去，按照這個邏輯計算，可推得賽馬賭局不需要保留現金。

因此，假設將資金分別押 $F = (f_1, f_2, \ldots, f_N)$ 的比例於這 N 匹馬，重複玩了 T 次後，我們假設 $T = \sum_{n=1}^{N} W_n$，其中 W_n 表示第 n 匹馬在 T 次的比賽中，一共贏得了 W_n 次冠軍。在每一次的賭局中，若第 n 匹馬獲得冠軍，則押在其他馬匹的資金都會歸 0，只有押在第 n 匹馬的 f_n 比例的資金，會成長為 $f_n (1 + b_n)$。

若重複經歷了 T 次賭局，在下注 F 比例下，最後資金成長變為：

$$E_T (F) = \prod_{n=1}^{N} \left(f_n (1 + b_n) \right)^{W_n}$$

我們好奇賽馬賭局該如何下注？也就是該如何決定 F 使得 $E_T (F)$ 最大？類似銅板賭局的手法，我們將上式取 log（以 e 為底）且除上 T 得到：

$$\frac{1}{T} \log E_T (F) = \sum_{n=1}^{N} \frac{W_n}{T} \log \left(f_n (1 + b_n) \right)$$

若比照傳統凱利公式最佳化的計算，我們會令 $T \rightarrow \infty$，並且假設第 n 每匹馬真實得冠軍的機率為 r_n。於是可令：

$$r_n = \lim_{T \rightarrow \infty} \frac{W_n}{T}$$

將賽馬賭局的期望對數成長取 $T \rightarrow \infty$ 後，我們得：

$$\lim_{T \to \infty} \frac{1}{T} \log E_T(F) = \lim_{T \to \infty} \sum_{n=1}^{N} \frac{W_n}{T} \log\left(f_n(1+b_n)\right)$$

$$= \sum_{n=1}^{N} r_n \log\left(f_n(1+b_n)\right)$$

因此，我們欲決定 $F = (f_1, f_2, \ldots, f_N)$，使得期望對數成長 $\sum_{n=1}^{N} r_n \log\left(f_n(1+b_n)\right)$ 有最大值發生。我們重新敘述賽馬賭局如下：

N 匹馬競賽，賠率為 $B = (b_1, b_2, \ldots, b_N)$，若 N 匹馬的勝率為 $R = (r_1, r_2, \ldots r_N)$，試決定最佳下注比例 $F = (f_1, f_2, \ldots, f_N)$，使得 $\sum_{n=1}^{N} r_n \log\left(f_n(1+b_n)\right)$ 有最大值發生。

由於變數是 $F = (f_1, f_2, \ldots, f_N)$，一共有 N 個變數。我們當然可針對每一項變數 f_n 偏微分後求極值，但賽馬賭局有更為直觀的證明方式。我們利用到前述章節介紹的相對熵的獲利量化，計算如下：

$$\frac{1}{T} \log E_T(F) = \sum_{n=1}^{N} \frac{W_n}{T} \log\left(f_n(1+b_n)\right)$$

$$= \sum_{n=1}^{N} \frac{W_n}{T} \log\left(\frac{f_n}{1/(1+b_n)}\right)$$

令 $B_n = \dfrac{1}{1+b_n}$ ，也就是第 n 匹馬在 b_n 賠率下的公平勝率。我們得：

$$\sum_{n=1}^{N} \frac{W_n}{T} \log\left(\frac{f_n}{B_n}\right)$$

$$= \sum_{n=1}^{N} \frac{W_n}{T} \left(\log(f_n) - \log(B_n)\right)$$

$$= \sum_{n=1}^{N} \frac{W_n}{T} \left(\log(r_n) - \log(B_n)\right) - \sum_{n=1}^{N} \frac{W_n}{T} \left(\log(r_n) - \log(f_n)\right)$$

$$= \sum_{n=1}^{N} \frac{W_n}{T} \log\left(\frac{r_n}{B_n}\right) - \sum_{n=1}^{N} \frac{W_n}{T} \log\left(\frac{r_n}{f_n}\right)$$

$$= \mathrm{KL}\left(R \parallel B\right) - \mathrm{KL}\left(R \parallel F\right)$$

由上面指導可知，給定一個賽馬賭局的賠率，我們便可直接推導其損益量化的相對熵型態。**玩家這時下注的方式即自己認為每匹馬贏的機率，且當此機率與實際的輸贏比例一樣時，也就是 F = R，玩家會獲得最大獲利。**

賽馬賭局與傳統的銅板賭局、骰子賭局不一樣，玩家必須針對每一匹馬進行下注，而不是像銅板賭局或是骰子賭局只需決定一個下注比例，等待開獎結果就好。也就是說，**賽馬賭局必須針對每一個可能事件進行下注，每次下注都會把資金分配光，不留現金。**而分配資金下注的方式便是根據自己認為的機率下注，不需經過任何計算，更與每匹馬的賠率無關。這點與傳統的銅板賭局或骰子賭局有很大的不同，傳統賭局最佳下注比例的計算，是玩家認為的機率與給定賠率的函數，**但賽馬賭局的最佳化下注比例就是玩家認為的機率，沒有賠率的影響。**

MEMO

第 8 章

腳踏 N 條船的時空轉換 —
槓桿空間模型

在前面的章節中，我們從基本的銅板賭局出發，討論單一賭局的下注策略，然後以骰子賭局為例，延伸到多重損益賭局的下注策略，最後結合實務，探討如何應用在實際的股票交易中。然而，從回測模擬中我們了解到，即使運用最佳比例下注，在有限次的賭局上，仍然會遭遇到很大的風險。

用凱利比例進行下注，雖然長期下來能使幾何平均報酬最大化，但現實中我們往往只能參與有限次的的賭局，時間到就結束了，輸錢就是輸錢。例如勝率 50%、賠率為 2 的銅板賭局，用凱利比例 25% 玩 10 次，仍然有 37.6% 的機率是會賠錢的。凱利是假設可以玩無限多次的下注比例最佳化，而有限次的賭局才是我們實際情況會遇到的，卻又有這麼大的不確定性，例如輸錢機率。是否存在一種下注方式，使得在有限次的限制下，還能降低輸錢機率，甚至拉高報酬率呢？本章我們討論更一般化的資金管理方式，也就是多場賭局同時進行的資金管理最佳化，稱做**槓桿空間模型** (Leverage Space Model)。

槓桿空間模型的概念主要由 Ralph Vince 提出，可參考其在 2009 年出版的書籍：

Vince, Ralph. The leverage space trading model: reconciling portfolio management strategies and economic theory. 2009.

在開始介紹之前，讓我們回顧一下最為熟悉的銅板賭局：

假設現在有一場勝率 50%、賠率為 2 的賭局，依照凱利公式，可以計算出最佳下注比例為 25%，而玩一次的幾何持有期間報酬 (GHPR) 為 106.07%，如下圖所示。

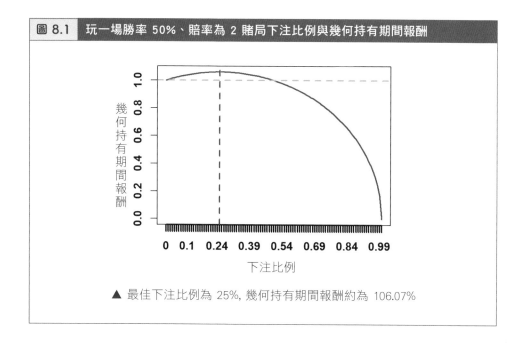

圖 8.1 玩一場勝率 50%、賠率為 2 賭局下注比例與幾何持有期間報酬

▲ 最佳下注比例為 25%, 幾何持有期間報酬約為 106.07%

　　過去我們討論的情況是一次玩一場賭局，本章開始我們討論同時玩多場以上的賭局。例如同時下注兩場勝率 50%、賠率為 2 的賭局，那每一場賭局的最佳下注比例還會是 25% 嗎？首先，讓我們從同時下注兩場賭局開始討論。

第8章

8.1 同時玩兩場銅板賭局

考慮同時玩兩場銅板賭局，分別稱為賭局 1 與賭局 2，勝率皆為 50%、賠率為 2。下注一場賭局的最佳化比例是 25%，那同時下注兩場該如何下注？一個直觀的想法是分別用凱利公式下注，也就是每一場賭局各下 25% 資金，故每一次總共下注 50% 資金，感覺非常合理！

然而，若改為同時下四場賭局，每個賭局都下注 25%，那四場賭局就是下注 25% × 4 = 100%，等於押下所有資金。而勝率 50%，代表四場賭局都輸的機率為 $50\%^4 = 8.25\%$。別看這機率小，一旦發生，那是全部輸光光，也就是破產。8.25% 差不多代表每 100 人用了所謂的最佳比例下注，竟然會有 8 個人會破產，可見上述方法並不是一個可行的方法。當然，以最佳化理論來說，更不合理。

我們重新評估最佳化的公式。假設同時玩兩場賭局，分別為賭局 1 與賭局 2，那可能會有下面四種結果：

- **結果 1**：賭局 1 贏、賭局 2 贏。
- **結果 2**：賭局 1 輸、賭局 2 贏。
- **結果 3**：賭局 1 贏、賭局 2 輸。
- **結果 4**：賭局 1 輸、賭局 2 輸。

注意到，因為同時玩兩場賭局，我們可假設分別下注 f_1 比例與 f_2 比例的資金，搭配上面四種可能的結果，列舉所有可能的持有期間報酬 (HPR) 如下：

- **結果 1**：若賭局 1 贏、賭局 2 贏，資金成長為 $(1 + 2f_1 + 2f_2)$
- **結果 2**：若賭局 1 輸、賭局 2 贏，資金成長為 $(1 - f_1 + 2f_2)$

- **結果 3**：若賭局 1 贏、賭局 2 輸，資金成長為 $\left(1+2f_1-f_2\right)$

- **結果 4**：若賭局 1 輸、賭局 2 輸，資金成長為 $\left(1-f_1-f_2\right)$

　　不失一般性，假設玩了 T 次，四種結果分別出現 T_1、T_2、T_3、T_4 次，也就是 $T=T_1+T_2+T_3+T_4$，如下表所示：

四種結果	賭局 1 贏 賭局 2 贏	賭局 1 輸 賭局 2 贏	賭局 1 贏 賭局 2 輸	賭局 1 輸 賭局 2 輸
發生次數	T_1	T_2	T_3	T_4

　　則我們玩 T 場後，其幾何平均持有期間報酬 $\mathrm{GHPR}\left(f_1,f_2\right)$ 為：

$$\left(1+2f_1+2f_2\right)^{\frac{T_1}{T}}\times\left(1-f_1+2f_2\right)^{\frac{T_2}{T}}\times\left(1+2f_1-f_2\right)^{\frac{T_3}{T}}\times\left(1-f_1-f_2\right)^{\frac{T_4}{T}}$$

　　類似凱利法則手法，取對數 log（以 e 為底）後再除上 T，可得：

$$\frac{T_1}{T}\log\left(1+2f_1+2f_2\right)+\frac{T_2}{T}\log\left(1-f_1+2f_2\right)$$

$$+\frac{T_3}{T}\log\left(1+2f_1-f_2\right)+\frac{T_4}{T}\log\left(1-f_1-f_2\right)$$

　　當 $T\to\infty$ 時，$\frac{T_1}{T}\to p_1$，$\frac{T_2}{T}\to p_2$，$\frac{T_3}{T}\to p_3$，$\frac{T_4}{T}\to p_4$。因此上式對數報酬變為：

$$p_1\log\left(1+2f_1+2f_2\right)+p_2\log\left(1-f_1+2f_2\right)$$

$$+p_3\log\left(1+2f_1-f_2\right)+p_4\log\left(1-f_1-f_2\right)$$

　　根據大數法則，我們可分別計算四種結果發生的機率如下：

四種結果	賭局 1 贏 賭局 2 贏	賭局 1 輸 賭局 2 贏	賭局 1 贏 賭局 2 輸	賭局 1 輸 賭局 2 輸
機率	$p_1 = \dfrac{1}{2} \times \dfrac{1}{2} = \dfrac{1}{4}$	$p_2 = \dfrac{1}{2} \times \dfrac{1}{2} = \dfrac{1}{4}$	$p_3 = \dfrac{1}{2} \times \dfrac{1}{2} = \dfrac{1}{4}$	$p_4 = \dfrac{1}{2} \times \dfrac{1}{2} = \dfrac{1}{4}$

故可將最佳化的式子轉換為：

$$\frac{1}{4}\log\left(1 + 2f_1 + 2f_2\right) + \frac{1}{4}\log\left(1 - f_1 + 2f_2\right)$$

$$+ \frac{1}{4}\log\left(1 + 2f_1 - f_2\right) + \frac{1}{4}\log\left(1 - f_1 - f_2\right)$$

> **注意！** 由於有可能輸掉 100% 資金，f_1 與 f_2 有其限制，即 $f_1 + f_2 \leq 100\%$，
> 且 $0 \leq f_1 \leq 100\%$、$0 \leq f_2 \leq 100\%$。

　　欲求解使得上面式子最大化，在此賭局設定下，我們先討論 f_1 與 f_2 的大小關係。不失一般性，我們可假設 $f_1 \leq f_2$，由於兩場賭局皆有同樣的勝率與賠率，也就是兩場賭局一模一樣，也可得 $f_2 \geq f_1$，故 f_1 必須等於 f_2，即 $f_1 = f_2$。於是，原本欲求極值的式子可化簡成：

$$\frac{1}{4}\log\left(1 + 4f\right) + \frac{1}{2}\log\left(1 + f\right) + \frac{1}{4}\log\left(1 - 2f\right)$$

為了求最大值，將其對 f 微分後設為 0，我們得：

$$\frac{1}{4} \times \frac{4}{1 + 4f} + \frac{1}{2} \times \frac{1}{1 + f} + \frac{1}{4} \times \frac{-2}{1 - 2f} = 0$$

化簡後得：

$$-4(1+f)(1-2f)-2(1+4f)(1-2f)+2(1+4f)(1+f)=0$$

整理後得一元二次方程式：

$$32f^2+10f-4=0$$

代入公式解，取正數解可得：

$$f=\frac{-10+\sqrt{100-(4\times32\times-4)}}{64}\cong23.03\%$$

解得 f 約等於 23.03% 的意思是說，同時玩兩場勝率 50%，賠率為 2 的賭局，若可以玩無限多次，則最佳下注的方式是同時各下約 23.03% 比例的資金。因為是同時玩兩場，也就是一共下注 2 × 23.03% = 46.06% 的資金。對比於一次只玩一場下注 25% 的資金，資金的使用量顯然大上許多。下面我們繪製出同時玩兩場賭局的最佳下注比例。注意到由於 $f_1=f_2$，橫軸可表示 f_1 或 f_2 的大小，而縱軸為兩場賭局帶來的幾何持有期間報酬 (GHPR)。

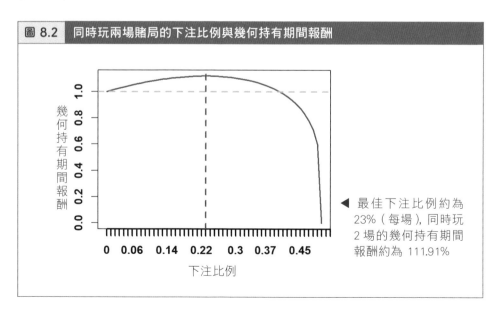

圖 8.2 同時玩兩場賭局的下注比例與幾何持有期間報酬

◀ 最佳下注比例約為 23%（每場），同時玩 2 場的幾何持有期間報酬約為 111.91%

第 8 章

因為同時玩兩場賭局的最佳下注比例約為 23%，我們也可計算每次下注的資金成長率，也就是幾何持有期間報酬 GHPR，計算如下：

$$\left(1+4\times23\%\right)^{\frac{1}{4}}\times\left(1+23\%\right)^{\frac{1}{4}}\times\left(1+23\%\right)^{\frac{1}{4}}\times\left(1-2\times23\%\right)^{\frac{1}{4}}\cong111.91\%$$

相比於玩單一場賭局，最佳下注比例 25% 的 GHPR 為：

$$\left(1+2\times25\%\right)^{\frac{1}{2}}\times\left(1-25\%\right)^{\frac{1}{2}}\cong106.07\%$$

有發現嗎？同時玩兩場的幾何持有期間報酬整整比只玩一場高了將近一倍。花相同的時間，卻有將近兩倍報酬的效果，那當然是要選擇同時玩兩場賭局！某種程度來說，同時玩兩場賭局，有點像是一場賭局連續玩了兩次，所以報酬率自然較高。**這也是槓桿空間模型主要的想法精隨，拿空間換時間。**

凱利法則可以靠著玩無限多次的時間，達到資金成長最大化，但是沒有人能夠玩無限多次。**因此，想要在有限的時間內玩越多次，那只能靠著分散，也就是同時玩多場賭局，這正是拿空間換時間的意義。**

我們也可從**資金使用率**的角度來看獲利報酬這件事。上述同時玩一場賭局和同時玩兩場賭局計算的最佳下注比例，都是在期望報酬最大化的前提下，所允許使用的資金。換句話說，同時玩一場賭局只允許用 25% 的資金，同時玩兩場賭局雖然每場是 23%，但兩場合計是 46%。如果把資金想成可上場作戰的士兵，在最有效率獲利的前提下，派出比較多的士兵上場打仗，本來就應該要贏得更多的戰利品。事實上，這才是真正為何要分散投資多商品多策略的原因，除了在分散風險的考量外，重點是讓資金使用效率最大化，報酬拉高！

接下來，讓我們看看同時玩三場賭局會是什麼狀況？並且分別比較同時玩一場、玩兩場與玩三場之間報酬率的差別，藉此感受到槓桿空間模型的威力。

8.2 | 同時玩多場銅板賭局

上一小節介紹槓桿空間模型的概念想法，我們以同時玩兩場賭局做例子，比較同時玩兩場與一次下注一場賭局的差別。很明顯同時下注兩場賭局具有更多的優勢。依此邏輯，若同時玩更多場賭局，是否優勢也會更好？

下注三場相同賭局

我們先從同時玩三場賭局開始，類似前一小節的分析，假設同時玩賭局 1、賭局 2、賭局 3，則每次玩會有 8 種可能的結果：

- **結果 1**：賭局 1 贏、賭局 2 贏、賭局 3 贏

- **結果 2**：賭局 1 贏、賭局 2 贏、賭局 3 輸

- **結果 3**：賭局 1 贏、賭局 2 輸、賭局 3 贏

- **結果 4**：賭局 1 輸、賭局 2 贏、賭局 3 贏

- **結果 5**：賭局 1 輸、賭局 2 輸、賭局 3 贏

- **結果 6**：賭局 1 輸、賭局 2 贏、賭局 3 輸

- **結果 7**：賭局 1 贏、賭局 2 輸、賭局 3 輸

- **結果 8**：賭局 1 輸、賭局 2 輸、賭局 3 輸

同時玩三場賭局的狀況下，假設分別下注 f_1、f_2 及 f_3 比例的資金，且三場皆為勝率 50%、賠率為 2 的賭局。8 種結果的資金成長分別計算如下：

第8章

- **結果 1**：賭局 1 贏、賭局 2 贏、賭局 3 贏，資金成長為

$$1 + 2f_1 + 2f_2 + 2f_3$$

- **結果 2**：賭局 1 贏、賭局 2 贏、賭局 3 輸，資金成長為

$$1 + 2f_1 + 2f_2 - f_3$$

- **結果 3**：賭局 1 贏、賭局 2 輸、賭局 3 贏，資金成長為

$$1 + 2f_1 - f_2 + 2f_3$$

- **結果 4**：賭局 1 輸、賭局 2 贏、賭局 3 贏，資金成長為

$$1 - f_1 + 2f_2 + 2f_3$$

- **結果 5**：賭局 1 輸、賭局 2 輸、賭局 3 贏，資金成長為

$$1 - f_1 - f_2 + 2f_3$$

- **結果 6**：賭局 1 輸、賭局 2 贏、賭局 3 輸，資金成長為

$$1 - f_1 + 2f_2 - f_3$$

- **結果 7**：賭局 1 贏、賭局 2 輸、賭局 3 輸，資金成長為

$$1 + 2f_1 - f_2 - f_3$$

- **結果 8**：賭局 1 輸、賭局 2 輸、賭局 3 輸，資金成長為

$$1 - f_1 - f_2 - f_3$$

且由於三種賭局勝率皆為 50%，上述 8 種結果發生的機率皆為 $\left(\dfrac{1}{2}\right)^3 = \dfrac{1}{8}$。於是同時玩三場賭局的 GHPR $\left(f_1, f_2, f_3\right)$ 為：

$$\begin{aligned}
\text{GHPR} = &\left(1 + 2f_1 + 2f_2 + 2f_3\right)^{\frac{1}{8}} \times \left(1 + 2f_1 + 2f_2 - f_3\right)^{\frac{1}{8}} \\[2mm]
&\times \left(1 + 2f_1 - f_2 + 2f_3\right)^{\frac{1}{8}} \times \left(1 - f_1 + 2f_2 + 2f_3\right)^{\frac{1}{8}} \\[2mm]
&\times \left(1 - f_1 - f_2 + 2f_3\right)^{\frac{1}{8}} \times \left(1 - f_1 + 2f_2 - f_3\right)^{\frac{1}{8}} \\[2mm]
&\times \left(1 + 2f_1 - f_2 - 1f_3\right)^{\frac{1}{8}} \times \left(1 - f_1 - f_2 - f_3\right)^{\frac{1}{8}}
\end{aligned}$$

欲求上述式子的極植，我們將其取 log（以 e 為底）後得：

$$\begin{aligned}
&\frac{1}{8}\log\left(1 + 2f_1 + 2f_2 + 2f_3\right) + \frac{1}{8}\log\left(1 + 2f_1 + 2f_2 - f_3\right) \\[2mm]
&+ \frac{1}{8}\log\left(1 + 2f_1 - f_2 + 2f_3\right) + \frac{1}{8}\log\left(1 - f_1 + 2f_2 + 2f_3\right) \\[2mm]
&+ \frac{1}{8}\log\left(1 - f_1 - f_2 + 2f_3\right) + \frac{1}{8}\log\left(1 - f_1 + 2f_2 - f_3\right) \\[2mm]
&+ \frac{1}{8}\log\left(1 + 2f_1 - f_2 - f_3\right) + \frac{1}{8}\log\left(1 - f_1 - f_2 - f_3\right)
\end{aligned}$$

但因為三場賭局皆有一樣的勝率與賠率，同上一章節的論述，可假設：

$$f = f_1 = f_2 = f_3$$

因此，上述式子可化簡為：

$$\frac{1}{8}\log\left(1+6f\right)+\frac{3}{8}\log\left(1+3f\right)+\frac{3}{8}\log\left(1+0f\right)+\frac{1}{8}\log\left(1-3f\right)$$

對上式微分後設為 0 後求極值：

$$\frac{6}{8}\times\frac{1}{1+6f}+\frac{9}{8}\times\frac{1}{1+3f}+\frac{-3}{8}\times\frac{1}{1-3f}=0$$

通分後得：

$$2\left(1+3f\right)\left(1-3f\right)+3\left(1+6f\right)\left(1-3f\right)-\left(1+6f\right)\left(1+3f\right)=0$$

化減後得：

$$-90f^{2}+4=0$$

解出 f 取正數解得：

$$f=\sqrt{\frac{4}{90}}=21.08\%$$

我們將同時玩三場賭局的下注比例與幾何持有期間報酬表示如下圖。

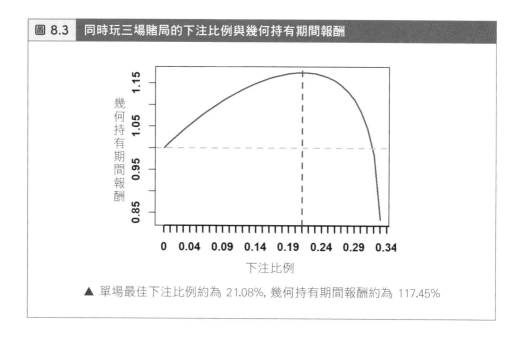

圖 8.3 同時玩三場賭局的下注比例與幾何持有期間報酬

▲ 單場最佳下注比例約為 21.08%, 幾何持有期間報酬約為 117.45%

　　同時玩三場勝率為 50%、賠率為 2 的賭局，每一場的最佳下注比例約為 21.08%。換句話說，每一次總共會下注 21.08% × 3 = 63.24% 的資金，幾何持有期間報酬率達到 117.45%。比同時玩兩場賭局的 GHPR 再高出 5.54% (117.45% - 111.91%)，且比只玩一場賭局多 11.38% (117.45% - 106.07%)，約增加近兩倍的報酬。

下注多場相同賭局

　　接下來，我們考慮同時下注更多場賭局，試著推導出一般化公式表示。

　　若同時玩 N 場勝率為 p、賠率為 b 的賭局。不失一般性，我們依然假設每一步 (次) 的每一場賭局，都下注一樣比例的資金 f。針對每一步，我們列舉可能的結果分析如下。

在 N 場賭局中，假設贏了 k 場輸了 $N-k$ 場，且下注 f 比例，則這一步的資金成長（持有期間報酬，HPR）為：

$$\left(1 + k \times bf + \left(N-k\right) \times \left(-f\right)\right)$$

又根據二項式分佈，贏 k 場、輸 $N-k$ 場可能的排列組合共有 C_k^N 種，每一種發生的機率為 $p^k \left(1-p\right)^{N-k}$。相乘之後，得到贏 k 場、輸 $N-k$ 場的機率為：

$$C_k^N p^k \left(1-p\right)^{N-k}$$

我們可以列出同時下注 N 場賭局玩一次，且剛好贏 k 場、輸 $N-k$ 場的幾何持有期間報酬　，如下：

$$\left(1 + k \times bf + \left(N-k\right) \times \left(-f\right)\right)^{C_k^N p^k \left(1-p\right)^{N-k}}$$

由於 k 的範圍從 $k = 0, 1, 2, ..., N$。因此，同時玩 N 場勝率為 p、賠率為 b 的賭局，其幾何持有期間報酬 (GHPR) 為：

$$\prod_{k=0}^{N} \left(1 + k \times bf + \left(N-k\right) \times \left(-f\right)\right)^{C_k^N p^k \left(1-p\right)^{N-k}}$$

在勝率 50%、賠率為 2 的條件下，我們來看同時玩 4 場、玩 5 場、玩 6 場、玩 7 場 ($N = 4$、5、6、7) 的下注比例與幾何持有期間報酬（資金成長）幅度之關係圖，如下所示：

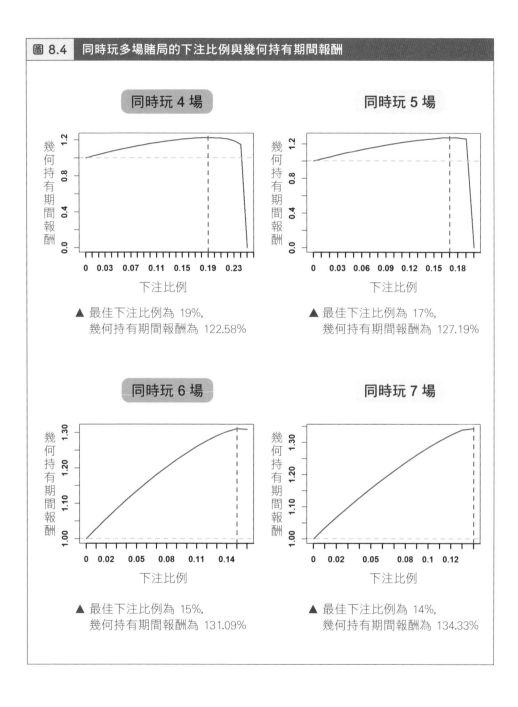

圖 8.4 同時玩多場賭局的下注比例與幾何持有期間報酬

同時玩 4 場

▲ 最佳下注比例為 19%,
幾何持有期間報酬為 122.58%

同時玩 5 場

▲ 最佳下注比例為 17%,
幾何持有期間報酬為 127.19%

同時玩 6 場

▲ 最佳下注比例為 15%,
幾何持有期間報酬為 131.09%

同時玩 7 場

▲ 最佳下注比例為 14%,
幾何持有期間報酬為 134.33%

第8章

同時玩的局數	1	2	3	4	5	6	7
單局下注比例	25%	23%	21%	19%	17%	15%	14%
總資金下注比例	25%	46%	69%	76%	85%	90%	98%
GHPR-1	6.1%	11.9%	17.5%	22.6%	27.2%	31.1%	34.3%

可以觀察到，隨著玩的局數越來越多，單局的最佳下注比例會越來越低，但總資金下注比例卻會越來越高。以勝率 50%、賠率為 2 的賭局來說，同時玩 7 場賭局大約會下注 98%，幾乎是 100% 全押。這邊讀者可能會覺得不可思議，萬一下注的 98% 在某一次賭局都輸光了怎麼辦？我們可以估算一次輸光 98% 資金的機率，大約為：

$$\left(\frac{1}{2}\right)^7 = \frac{1}{128} \approx 0.78\%$$

這雖然看似是一個非常小的機率，但一旦發生了，那就只剩下 2% 的資金。但別忘了，理論上來說，同時玩 7 場賭局，平均每玩一次資金可增加 34.3%，這是相當吸引人的報酬率，但就是必須要用 0.78% 的機率失去 98% 資金的風險去承擔。

凱利最佳化的假設是因為可以玩無限多次，所以 0.78% 的機率賠掉 98% 的資金，或許不算風險，因為可以一直玩，也會很快再賺回來。**但在實務上，這樣大比例的下注方式，在有限次的交易下卻不一定適合真實的金融市場。**

8.3 計算槓桿空間模型最佳下注比例的解析解

在上節中，我們用程式模擬的方式來計算槓桿空間模型的最佳下注比例。我們亦可針對槓桿空間模型的幾何持有期間報酬進行極值求解的計算：

$$\prod_{k=0}^{N} \left(1 + k \times bf + (N-k) \times (-f)\right)^{C_k^N p^k (1-p)^{N-k}}$$

取 log 後（以 e 為底），得到：

$$\sum_{k=0}^{N} C_k^N p^k (1-p)^{N-k} \log \left(1 + k \times bf + (N-k) \times (-f)\right)$$

$$= \sum_{k=0}^{N} C_k^N p^k (1-p)^{N-k} \log \left(1 + k \times bf + (N-k) \times (-f)\right)$$

對 f 微分後設為 0，可得：

$$\sum_{k=0}^{N} C_k^N p^k (1-p)^{N-k} \frac{k(b+1) - N}{1 + f\left(k(b+1) - N\right)} = 0$$

滿足上述式子的正數解 f^*，且 $0 \le f^* \le \dfrac{1}{N}$，即為此槓桿空間模型的最佳下注比例。就我們目前所知道的文獻，似乎還沒有封閉解可以求得。

考慮一般賭局的輸贏賠率

我們亦可考慮具有輸贏賠率的銅板賭局，也就是輸不一定輸掉下注比例 100% 的資金。設賭局的勝率為 p、贏的賠率為 b_1、輸的賠率為 b_2。若同時玩 N 局，則其幾何持有期間報酬 (GHPR) 為：

$$\prod_{k=0}^{N}\left(1+k\times b_1 f+\left(N-k\right)\times\left(-b_2\right)f\right)^{C_k^N p^k\left(1-p\right)^{N-k}}$$

類似前述推導，最佳比例可從下面式子求解 f 而來：

$$\sum_{k=0}^{N}C_k^N p^k\left(1-p\right)^{N-k}\frac{kb_1-\left(N-k\right)b_2}{1+f\left(kb_1-\left(N-k\right)b_2\right)}=0$$

我們可先針對上述式子化簡，設：

$$A_k=C_k^N p^k\left(1-p\right)^{N-k}$$

$$B_k=kb_1-\left(N-k\right)b_2$$

其中，$k = 0, 1, ..., N$，則原式變為：

$$\sum_{k=0}^{N}\frac{A_k B_k}{1+fB_k}=0$$

上式通分整理後為一元 N 次方程式，理論上有 N 個解，我們須找到 f^* 滿足 $0\le f^*\le\dfrac{1}{Nb_2}$ 即可。計算槓桿空間模型底下最佳化比例的封閉解，就我們目前所知道的文獻，似乎還沒有答案。

8.4 最佳下注比例的逼近 — 腳踏多條船的平均分配

再來我們討論槓桿空間模型與下注資金比例的關係。前面討論勝率 50%、賠率為 2 的賭局，而這賭局報酬率期望值（算術平均數）為 0.5 (= 50%×2 + 50%×－1)，這是相當有利可圖的賭局。0.5 的意義是說，平均每玩一次，可獲得下注資金 50% 的增長。然而，現實生活中，我們不太可能會遇到如此有利可圖的賭局，通常期望值能略大於 0，就很不錯了。

而如此有利可圖的賭局，當同時玩的局數夠多時，所下注資金比例會達到幾乎 100%。如上節的實驗結果顯示，同時玩 7 局已經達到下注資金 98% 的水位。總資金比例雖會隨著同時玩的局數增加而不斷增加，但以此例子來說，上限絕對不會超過 100%。**換句話說，任何一種賭局，當同時下注到某個局數以上時，增加資金的使用效率是很低的。**

我們因此對下面問題產生興趣：下注有利可圖的賭局，是否只要同時玩的局數夠多，最佳下注比例幾乎可以達到 100% 的資金全押。基於這一點，我們想進一步探討，當局數為多少時，最佳下注比例會接近於「總槓桿資金除上局數」？只要解決這個問題，我們就可以了解在研發投資策略時，**大約需要多少個有利可圖策略作為一組投資組合，以達到風險與報酬和資金使用的最高效率。**我們以較貼近實際金融交易損益的賭局作為計算範例。

在實務交易中，大部分策略本身都會有**停損**與**停利**機制，因此最佳比例的計算，我們很容易用到槓桿。例如：考慮勝率 40%，贏的賠率為 0.2、輸的賠率為 －0.1 的賭局。此賭局的算術平均數為：

$$40\% \times 0.2 + 60\% \times (-0.1) = 0.02$$

期望值為正，此為一有利可圖的賭局，且計算的槓桿總資金比例，最大可達到 $1,000\%$ $\left(10 = \left| \dfrac{1}{-10\%} \right| \right)$。後面的計算，我們都先假設槓桿可以任意開沒有限制。如果是一次只下注一場賭局，根據凱利公式，建議下注資金比例為：

$$\frac{0.4 \times 0.2 + 0.6 \times (-0.1)}{0.2 \times 0.1} = 100\%$$

而每次下注 100% 的幾何持有期間報酬為 100.98%。事實上別覺得全押 100% 很多，因為賠只會賠下注資金的 10%，故最慘只會損失所有資金的十分之一而已。

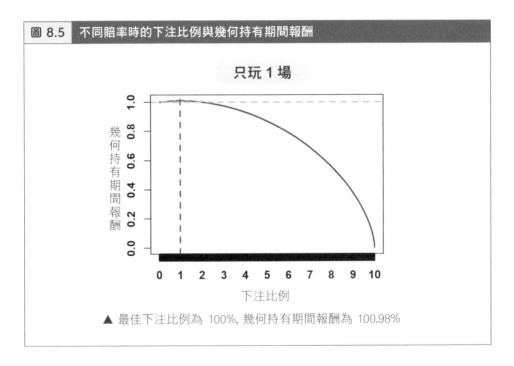

圖 8.5　不同賠率時的下注比例與幾何持有期間報酬

只玩 1 場

幾何持有期間報酬

下注比例

▲ 最佳下注比例為 100%, 幾何持有期間報酬為 100.98%

上述賭局的報酬較貼近真實市場裡交易策略的損益型態。接著，讓我們來看若這樣的賭局同時玩多場，會是什麼情況？以下分別為玩三場與玩七場的下注比例與資金成長（幾何持有期間報酬）的關係圖。

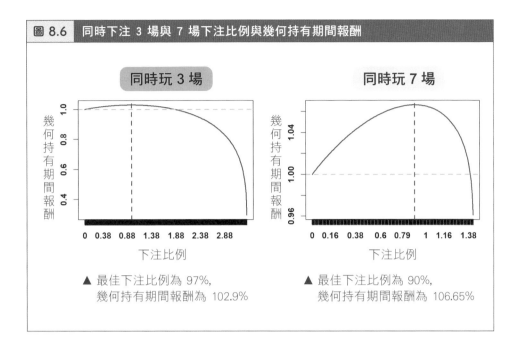

圖 8.6 同時下注 3 場與 7 場下注比例與幾何持有期間報酬

▲ 最佳下注比例為 97%，
幾何持有期間報酬為 102.9%

▲ 最佳下注比例為 90%，
幾何持有期間報酬為 106.65%

若同時玩三場，最佳下注比例為 97%（每一場都下注 97% 的資金）；總資金運用為 291%，代表需要開槓桿，幾何持有期間報酬為 102.9%；若同時玩七場，最佳下注比例為 90%，總資金運用為 630%，幾何平均報酬為 106.65%。注意到每次的最大風險，仍然有 2.8% ($=0.6^7$) 的機率會輸掉 63% 的資金。

假設大部分的金融交易策略，我們都能做到勝率 40%，贏的賠率為 0.2、輸的賠率為 -0.1，且操作方式能開任意槓桿。試問若 N 夠大，同時玩 N 局的最佳下注比例 f，是否會逼近直接將最大槓桿資金比例除上 N？若是如此，只要玩的局數夠多，我們就不需要計算最佳比例，而只須同時進行足夠多場有利可圖的交易策略，就可估計每場策略需要的資金比例。

下圖為勝率 35%，贏的賠率為 0.3、輸的賠率為 -0.1 的賭局。橫軸為同時玩的局數，縱軸為全部賭局下注的總資金比例（槓桿），紅色線段為每場賭局下注資金比例，而這比例再乘上同時玩的局數，便是總資金使用比例，用藍色柱狀表示。

第8章

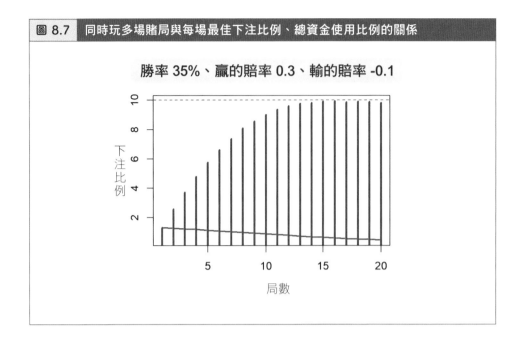

圖 8.7　同時玩多場賭局與每場最佳下注比例、總資金使用比例的關係

勝率 35%、贏的賠率 0.3、輸的賠率 -0.1

下注比例（縱軸）

局數（橫軸）

從上圖可以發現，隨著玩的局數越多，每場賭局的下注比例（紅色線段）會越來越低。然而，乘上局數後，也就是總資金使用比例（藍色柱狀）卻會越來越高，最後逐漸趨近於最大槓桿資金使用比例。

以此賭局來說，當同時玩 10 場賭局時，每一場賭局的最佳比例為 90%，總資金比例為 900%。當同時玩到 16 場賭局時，每一場賭局的最佳比例為 62%，總槓桿資金比例為 992%，已經接近最大槓桿資金比例 10。而 62% 也幾乎等同於最大槓桿資金 (10) 除上總局數 (16)，也就是：

$$\frac{10}{16} \cong 0.62$$

這相當特別，代表當玩的局數夠多時，我們似乎不需要計算最佳下注比例，而只須將最大槓桿資金比例，除上玩的局數即為答案。**也就是當玩的局數夠多，整體資金使用比例會接近最大槓桿資金比例。**

槓桿空間模型的平均分配原理

　　從前面實證中，我們得到一個結論：**當玩的局數夠多時，不須特別計算最佳下注比例，因為最後整體資金使用比例會趨近於最大槓桿資金比例**。所以我們只要將最大槓桿資金比例除以局數，即可得到每場賭局需要下注的資金。讓我們從數學角度來觀察這一結論是否正確，對於有利可圖賭局的槓桿空間模型，提出以下定理與證明。

● **平均分配原理**：

　　考慮勝率為 p，贏的賠率為 b_1、輸的賠率為 b_2 的有利可圖賭局，若同時下注 N 場，只要 N 夠大，則每場賭局的最佳下注比例會趨近於 $\dfrac{1}{|b_2 N|}$。也就是：

$$\operatorname*{argmax}_f \prod_{k=0}^{N} \left(1 + k \times b_1 f + (N-k) \times b_2 f\right)^{C_k^N p^k (1-p)^{N-k}} \cong \frac{1}{|b_2 N|}$$

● **證明發想**：

　　若同時玩 N 場有利可圖的賭局，設最佳下注比例 f_n^* 可表示為：

$$f_N^* = \operatorname*{argmax}_f \prod_{k=0}^{N} \left(1 + k \times b_1 f + (N-k) \times b_2 f\right)^{C_k^N p^k (1-p)^{N-k}}$$

　　根據上面程式模擬賭局找出最佳下注比例的觀察：當同時玩的局數越多，則每場賭局的最佳下注比例越小，但總資金使用比例越大，也就是：

$$f_{N-1}^* > f_N^*$$

且

$$f_{N-1}^{*} \times (N-1) < f_{N}^{*} \times N$$

又對於任意 N 場數的賭局，總資金使用不能超過最大槓桿資金比例，也就是：

$$f_{N}^{*} \times N \leq \left| \frac{1}{b_{2}} \right|$$

所以每場賭局的最佳下注比例必須滿足：

$$f_{N}^{*} \leq \left| \frac{1}{b_{2}} \right| \frac{1}{N}$$

由於 $\lim\limits_{N \to \infty} \left| \frac{1}{b_{2}} \right| \frac{1}{N} = 0$，所以：

$$\lim\limits_{N \to \infty} f_{N}^{*} \leq \lim\limits_{N \to \infty} \left| \frac{1}{b_{2}} \right| \frac{1}{N} = 0$$

但因為此為有利可圖的賭局，最佳下注比例必定為正，即 $0 < f_{N}^{*}$。也就是說：

$$0 < \lim\limits_{N \to \infty} f_{N}^{*} \leq \lim\limits_{N \to \infty} \left| \frac{1}{b_{2}} \right| \frac{1}{N} = 0$$

因此，對於所有 $\varepsilon > 0$，必存在夠大的自然數 N^{*}，使得對於所有的 $N > N^{*}$，我們有：

$$\left| f_N^* - \left| \frac{1}{b_2} \right| \frac{1}{N} \right| < \varepsilon$$

故得證。

　　平均分配原理告訴我們，只要同時玩的局數夠多，我們只需將最大槓桿資金比例除上策略數量，所得的值幾乎就是每個策略的最佳下注比例。此外，也可從另一個角度看平均分配原理所帶來的啟示：對於發展有利可圖的交易策略，雖是多多益善，**但當使用總資金比例接近最大槓桿資金比例時，繼續發展有利可圖策略，對整體獲利效率不會有太大改變**。

8.5 | 一般化的槓桿空間模型

前面小節討論的都是同時下注多場的同一款賭局，本節我們考慮更一般的情況。

考慮同時下注 N 場不同款的賭局，分別為 $G_1 = (p_1, b_{11}, b_{12})$、$G_2 = (p_2, b_{21}b_{22})$、$\cdots$、$G_N = (p_N, b_{N1}, b_{N2})$。其中，$p_n$ 為賭局 G_n 的勝率、b_{n1} 為賭局 G_n 贏的賠率、b_{n2} 為賭局輸的賠率。我們並且假設這 N 場賭局都是獨立，也就是賭局之間沒有相關性。若同時下注這 N 場賭局，一共玩 T 次，因此每一次需決定一個下注比例向量 $(f_1, f_2, \ldots, f_n, \ldots, f_N)$，其中 f_n 為賭局 G_n 的下注比例，滿足 $f_n \leq \left| \dfrac{1}{b_{n2}} \right|$，使得經過 T 次後，資金成長能最大化。

注意到由於 N 場賭局彼此獨立，每一次下注的可能結果共有 2^N 種，整理如下表：

	賭局 1	賭局 2	$\cdots$	賭局 n	$\cdots$	賭局 N
結果 1	贏	贏	$\cdots$	贏	$\cdots$	贏
結果 2	贏	贏	$\cdots$	贏	$\cdots$	輸
$\cdots$						
結果 k						
$\cdots$						
結果 2^N	輸	輸	$\cdots$	輸	$\cdots$	輸

針對上述每一種可能發生的結果，我們可分別計算每一種結果的機率。

- **結果 1**：每一場賭局皆贏，發生的機率為 $\displaystyle\prod_{n=1}^{N} p_n$。

- **結果 2**：賭局 1 輸，其他場賭局皆贏，發生的機率為 $(1 - p_1) \displaystyle\prod_{n=2}^{N} p_n$。

- ⋯

- **結果** 2^N：每一場賭局皆輸，發生的機率為 $\displaystyle\prod_{n=1}^{N}\left(1-p_n\right)$。

　　事實上我們可將每一種結果用數字 $0 \sim N$ 的 2 進位去表示，2 進位表示裡的第 k 個位置，代表第 k 場賭局的輸贏，0 代表輸，1 代表贏。如下所示：

- **結果** 1：每一場賭局皆贏，可用 $2^N - 1 = \left(111...111\right)_2$ 表示。

- **結果** 2：賭局 1 輸，其他場賭局皆贏，可用 $2^N - 2 = \left(111...110\right)_2$ 表示。

- **結果** 3：賭局 2 輸，其他場賭局皆贏，可用 $2^N - 3 = \left(111...101\right)_2$ 表示。

- ⋯

- **結果** k：第 k 種結果，可用數字 $2^N - k$ 的二進位 $\left(2^N - k\right)_2$ 表示之。

- ⋯

- **結果** 2^N：每一場賭局都輸，可用 $2^N - 2^N = \left(000...000\right)_2$ 表示。

　　上述的這 2^N 種結果裡，我們可表示第 k 種結果發生的機率為 $P_k = \displaystyle\prod_{n=1}^{N} P_{kn}$，其中：

$P_{ki} = 1 - p_k$，若 $\left(2^N - k\right)_2$ 的第 i 項為 0，也就是賭局 G_i 輸

$P_{ki} = p_k$，若 $\left(2^N - k\right)_2$ 的第 i 項為 1，也就是賭局 G_i 贏。

　　此外，當結果 k 發生時，我們假設 N 種賭局的損益結果為 $B_k = \left(B_{k1}, B_{k2}, ..., B_{kN}\right)$，其中：

$B_{ki} = b_{k1}$，若 $\left(2^N - k\right)_2$ 的第 i 項為 1，也就是賭局 G_i 贏

$B_{ki} = b_{k2}$，若 $\left(2^N - k\right)_2$ 的第 i 項為 0，也就是賭局 G_i 輸。

假設下注比例向量為 $F = (f_1, f_2, \ldots, f_N)$，其中 f_n 為下注在第 n 場賭局的資金比例。若結果 k 發生，則此次下注的資金成長（持有期間報酬，HPR) 為：

$$\left(1 + B_{k1} f_1 + B_{k2} f_2 + \ldots + B_{kN} f_N \right) = 1 + \sum_{n=1}^{N} B_{kn} f_n = 1 + B_k \cdot F$$

Tip　其中，"$\bullet$" 為向量內積符號。

因為結果 k 發生的機率為 P_k，我們可計算同時玩這 N 場賭局的幾何平均持有期間報酬 GHPR 為：

$$\prod_{k=1}^{2^N} \left(1 + B_k \cdot F \right)^{P_k}$$

計算 F^* 滿足：

$$F^* = \operatorname*{argmax}_{F = (f_1, f_2, \ldots, f_N)} \prod_{k=1}^{2^N} \left(1 + B_k \cdot F \right)^{P_k}$$

即為此一般化槓桿空間模型的最佳下注比例。

第9章

空間換時間 –
槓桿空間模型的威力

　　上一章我們討論了槓桿空間模型，主要概念是藉由同時玩多場賭局，藉此提高資金使用效率，在有限的次數裡獲取更高的報酬。由前面的定理可知，隨著同時玩的局數越多，每次下注的每場賭局雖會有較小的資金下注比例，但整體資金的運用卻更有效率。在最佳化的前提下，允許使用更多資金比例下注，自然獲利效率也就大幅提高。

　　在本章中，我們更進一步討論槓桿空間模型於一般化條件下的效益度量。以下面四種情形 (Case 1 ～ Case 4) 為例：

- Case 1：下注 1 場賭局，玩 1 次 ($N = 1$, $T = 1$)。

- Case 2：下注 1 場賭局，玩 T 次 ($N = 1$, $T \geq 2$)。

- Case 3：同時下注 N 場賭局，玩 1 次 ($N \geq 2$, $T = 1$)。

- Case 4：同時下注 N 場賭局，玩 T 次 ($N \geq 2$, $T \geq 2$)。

　　接下來，我們會藉由理論計算與實驗模擬，分別討論上面四種情形的效益比較。這裡的效益通常是指**算術平均報酬**。但也可透過模擬的方式進行**夏普值 (Sharpe Ratio)**、**賠錢機率**的討論。下面表格為四種 Cases 的分類，主要是由時間與空間做分類，空間代表同時下注的賭局數量，時間代表玩的次數。如下表所示：

空間　　　　　　　　時間	玩 1 次	玩 T 次
下注 1 場賭局	Case 1	Case 2
同時下注 N 場賭局	Case 3	Case 4

夏普值 (Sharpe Ratio)

夏普值是一個能夠同時衡量報酬與風險的指標,代表投資組合在承擔一單位風險的狀況下,所能獲得的風險溢酬。其公式如下:

$$Sharpe\ Ratio = \frac{R_p - R_f}{\sigma_p}$$

其中:

- R_f 代表無風險利率。

- R_p 為投資組合報酬;$R_p - R_f$ 為風險溢酬,也就是多承擔風險的狀況下,額外獲得的報酬。

- σ_p 為投資組合的標準差。

9.1 除了報酬，更重要的是穩定 (Case 2 & Case 4)

在本節中，我們以**台指週選擇權**策略作為討論案例。顧名思義，週選擇權為每週結算一次，結算時會知道本週內每一筆交易的輸贏。因此我們可以把一週內的交易視為一次同時玩多場賭局的情境 (Case 3)，直到結算時間點（週三收盤），所有賭局一次性的損益實現。

假設一週內，每筆交易的勝率大約 55%，無論是執行買方或賣方，都採用一倍獲利就停利，或一倍虧損就停損的出場方式。因此，週選擇權的交易方式，可視為賠率為 1 的賭局。然後，我們會以三個月（約 12 週）為一期進行討論。一週若玩 1 次賭局，則三個月大約會玩 12 次。讓我們先以 Case 2 與 Case 4 的情境為例，分別進行的利潤與風險的比較。

- **情境 1 (Case 2)**：每次玩一場勝率 55%、賠率為 1 的賭局，玩 12 次。根據凱利法則，下注 10% 的資金比例。

- **情境 2 (Case 4)**：每次同時玩 20 場勝率 55%、賠率為 1 的賭局，玩 12 次。20 場賭局的總資金使用比例同樣為 10%，每次每局則分別下注 0.5% $\left(=\dfrac{10\%}{20}\right)$ 的資金比例。

情境 1 的下注比例 10% 是根據凱利公式（$=\dfrac{55\% \times (1+1)-1}{1}$）所計算。這意思是說，每週最大的風險，可能賠掉總資金的 10%。我們因此拿同樣的最大風險應用在情境 2，也就是將總資金比例 10%，分散在 20 場賭局。那最慘的情況就是 20 場賭局都輸，這樣一次最多也是輸 10%。

接下來，我們以三個月為一期，共玩 12 次 ($T = 12$)，透過程式模擬的方式，分別觀察情境 1 與情境 2 的累計損益，並隨機模擬 6 次結果，如下圖所示。

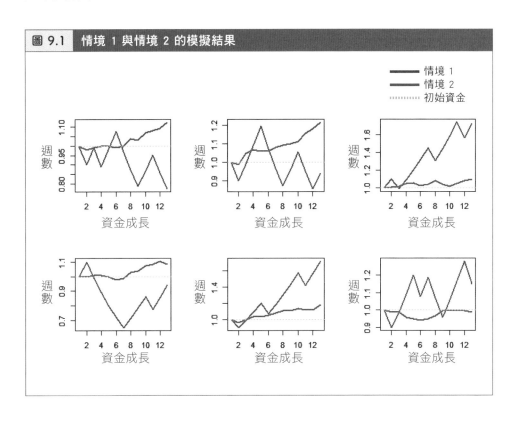

圖 9.1　情境 1 與情境 2 的模擬結果

觀察上面 6 張圖可以發現，情境 1（藍色）與情境 2（紅色）彼此都有賺有賠，但最大的不同是紅色曲線較為穩定，上下波動沒那麼大。除了最後一張圖外，紅色曲線幾乎都是穩定從左下成長到右上的過程。由於兩種情境下注的總資金比例都是 10%，故理論報酬應該一樣，但將資金分散在 20 場，也就是情境 2 的風險似乎小很多（程式碼可參考附錄圖 9.1）。

注意！在情境 2 的最佳比例計算中，我們尚未使用前述章節所提到的槓桿空間模型。若考慮情境 2 的最佳下注比例，計算如下：

$$f^* = \underset{f}{\arg\max} \prod_{k=0}^{20} \left(1 + k \times f + (20-k) \times (-f)\right)^{C_k^{20} 0.55^k 0.45^{N-k}}$$

解上述式子後，可知當 $f = 4\%$ 左右會有最大報酬率。因為是同時玩 20 場，這裡的資金使用率達到 80%，預期每週可獲得報酬 6.47%。

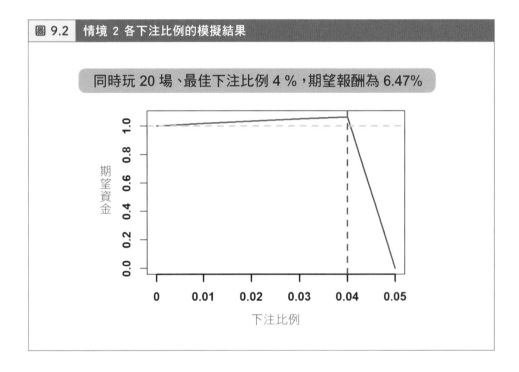

圖 9.2　情境 2 各下注比例的模擬結果

理論上要讓資金成長最大化，當然要使用槓桿空間模型的計算。但本節的實驗目的在於告訴我們：**相較於單場賭局，多場賭局可以在控制一樣最大風險的狀況下（最多都是損失 20%），獲得更穩定的整體績效。或是在相同的期望報酬下，有著更低的風險。**下一小節我們會針對這樣的特性進行更詳細的探討。

9.2 | 長期腳踏 N 條船的低風險 (Case 2 to Case 4)

前述已經論證同時玩多場賭局的優勢。在本節中，我們依然採用上一節的討論的情境，也就是「玩 1 場賭局 12 次 ($N = 1$, $T = 12$)」與「同時玩 20 場賭局 12 次 ($N = 20$, $T = 12$)」。但在這邊會著重於績效指標分析，討論這兩種情境的算術平均數、賠錢機率以及夏普值。

要計算情境 1（玩 1 場賭局 12 次）的算術平均報酬很簡單（可詳閱本書 2.6 節），先前已證明為：

$$\left(1 + f\left(p\left(1+b\right)-1\right)\right)^{T} = \left(1 + 10\%\left(55\%\left(1+2\right)-1\right)\right)^{12}$$

我們直接考慮情境 2 資金成長的算術平均數，分析如下：

同時玩 20 場賭局 12 次，假設第 t 次輸贏為：贏 k_t 場、輸 $20 - k_t$ 場，其中 $t = 1, \cdots, 12$。也就是第 1 次贏 k_1 場、輸 $20 - k_1$ 場；第 2 次贏 k_2 場、輸 $20 - k_2$ 場；⋯第 12 次贏 k_{12} 場、輸 $20 - k_{12}$ 場。這樣事件的發生機率為：

$$\prod_{t=1}^{12} C_{k_t}^{20} 0.55^{k_t} 0.45^{20-k_t}$$

其中 $k_t \in \{0,1,2,..,20\}$。每一種事件的資金成長為：

$$\prod_{t=1}^{12}\left(1 + k_t f - \left(20 - k_t\right)f\right) = \prod_{t=1}^{12}\left(1 + \left(2k_t - 20\right)f\right)$$

上述事件的整個母空間為 $\{0,1,2,..,20\}^{12}$，故一共有 21^{12} 種事件。我們因此可計算其算術平均數為：

$$\sum_{\substack{\{k_1,k_2,\ldots,k_{12}\} \\ \in\{0,1,2,..,20\}^{12}}} \left(\prod_{t=1}^{12} \left(C_{k_t}^{20} 0.55^{k_t} 0.45^{20-k_t} \right) \right) \left(\prod_{t=1}^{12} \left(1 + k_t f - (20 - k_t) f \right) \right)$$

$$= \sum_{\substack{\{k_1,k_2,\ldots,k_{12}\} \\ \in\{0,1,2,..,20\}^{12}}} \left(\prod_{t=1}^{12} \left(C_{k_t}^{20} 0.55^{k_t} 0.45^{20-k_t} \right) \left(1 + (2k_t - 20) f \right) \right)$$

上述式子並不像情境 1 容易計算，情境 1 尚可化簡至一個封閉式。故我們改用程式模擬方式計算。同 9.1 小節在情境 2 的下注方式，每次每局下注 0.5% 的資金比例，我們透過模擬方式去估算，每模擬一次就是同時玩 20 場賭局連續玩 12 次，模擬 100,000 次的結果如下：

1. **算術平均報酬約為 12.68%，確實如同情境 1。**

2. **100,000 次裡有 6,823 次是賠錢的，故估算賠錢的機率約為 6.82%。**

3. **這裡我們用算術平均報酬除上報酬率的變異數作為夏普值，則此例的夏普值約為 1.392。**

我們將上述討論做更完整的論述。由於賭局 1 的最佳下注比例為 10%，我們在每次最大虧損不超過 10% 的前提下，平均分配在每次同時下注的不同賭局數。例如每次同時玩 2 場賭局就分別下注 5%（$=\dfrac{10\%}{2}$），每次同時玩 3 場局就分別下注 3.33%（$\cong\dfrac{10\%}{3}$），每次同時玩 20 場賭局就分別下注 0.5%（$=\dfrac{10\%}{20}$），依此類推至每次同時玩 50 場賭局，就分別下注 0.2%（$=\dfrac{10\%}{50}$）。我們可觀察每次同時下注的局數越多，其算術平均報酬、賠錢機率與夏普值之間的關係。

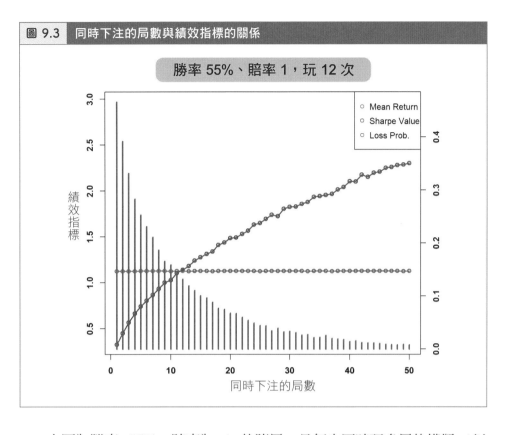

圖 9.3 同時下注的局數與績效指標的關係

　　上圖為勝率 55%、賠率為 1 的賭局,且每次同時玩多局的模擬 (以上模擬及畫圖的程式碼可參考附錄圖 9.2)。橫軸為同時玩的局數,一共連續玩 12 次。這裡我們考慮只玩 1 局、同時玩 2 局、…、同時玩 50 局。藉由蒙地卡羅模擬,我們考慮三個觀察值:平均報酬 (紅色線段,左邊座標軸)、夏普值 (綠色線段,左邊座標軸)、賠錢機率 (藍色柱狀,右邊座標軸)。

　　有趣的是,隨著同時間下注局數越多,平均報酬維持不變,但夏普值卻持續攀升,這代表夏普值的分母,也就是報酬的標準差越來越小,也意味著風險越來越小。另一方面,我們可從實際賠錢的機率來觀察風險。當只玩一場賭局 12 次,約有近 47% 的機率會賠錢,但若同時玩多場賭局,例如同時玩 20 局時,12 次後只剩約 6% 的機會賠錢。可觀察到當同時玩 50 場賭局,賠錢機率極小,根本幾乎不會賠錢。

第 9 章

9.3　玩 1 次腳踏 N 條船的算術平均報酬 (Case 1 & Case 3)

本節我們欲藉由理論計算，討論 9.1 小節兩種情境下，只玩 1 次的算術平均報酬，也就是 Case 1 與 Case 3。首先我們給出兩種情境經由模擬後的數據。

- 情境 1 為勝率 55%、賠率為 1 的賭局，連續玩 12 次，每次下注凱利比例 10%。理論平均報酬為 12.68%，賠錢的機率為 47.41%，夏普值為 0.318。注意到這裡的平均報酬是指算術平均報酬，也就是情境 1 重複模擬多次，其多次實際報酬率的算術平均數。

- 情境 2 為每次同時玩 20 場勝率 55%、賠率為 1 的賭局，連續玩 12 次。在每次資金比例總量 10% 的限制下，每次每局分配到下注 0.5%（ $= \dfrac{10\%}{20}$ ）的資金。在這樣的策略下，平均報酬亦為 12.68%，與情境 1 一樣，但賠錢的機率降為 6.82%，夏普值提高到 1.47。

事實上情境 1 與情境 2 的報酬的算術平均數，是可以經由計算證明是一樣的。情境 1 的平均理論報酬計算如下：

情境 1 共玩 12 次，12 次裡贏 t 次、輸 $12 - t$ 次的發生機率為：

$$C_t^{12} 0.55^t 0.45^{12-t}$$

資金因此成長為：

$$\left(1+10\%\right)^{t}\times\left(1-10\%\right)^{12-t}$$

故玩 12 次後資金成長的算術平均數為：

$$\sum_{t=0}^{12}C_{t}^{12}0.55^{t}0.45^{12-t}\times\left(1+10\%\right)^{t}\times\left(1-10\%\right)^{12-t}$$

根據二項式定理，上式計算值為：

$$\left(0.55\times1.1+0.45\times0.9\right)^{12}=1.126825$$

也就是情境 1 的單場賭局玩 12 次的算術平均報酬率為 12.6825%。再來我們計算情境 2 的風險與利潤。情境 2 的算術平均報酬，計算如下：

因為每一次同時玩 20 局，每局的勝率為 55%。故 20 局裡有 n 次贏、$20-n$ 次輸的機率為：

$$C_{n}^{20}0.55^{n}0.45^{20-n}$$

而資金成長為：

$$1+0.5\%\times n-0.5\%\times\left(20-n\right)$$

故每一次同時玩 20 局，資金成長的算術平均數為：

$$\sum_{n=0}^{20} C_n^{20} 0.55^n 0.45^{20-n} \times \left(1 + 0.5\% \times n - 0.5\% \times (20-n)\right)$$

$$= \sum_{n=0}^{20} C_n^{20} 0.55^n 0.45^{20-n} \times (0.9 + 0.01 \times n)$$

$$= 0.9 \sum_{n=0}^{20} C_n^{20} 0.55^n 0.45^{20-n} + 0.01 \sum_{k=0}^{20} C_n^{20} 0.55^n 0.45^{20-n} \times n$$

$$= 0.9 + 0.01 \times \sum_{k=1}^{20} 0.55^n 0.45^{20-n} \frac{20!}{(n-1)! \times (20-n)!}$$

令 $j = n - 1$，則 $n = j + 1$，代入上式我們得到：

$$0.9 + 0.01 \times \sum_{j=0}^{19} 0.55^{j+1} 0.45^{20-(j+1)} \frac{20!}{j! \times (19-k)!}$$

$$= 0.9 + 0.01 \times 0.55 \times 20 \times \sum_{j=0}^{19} 0.55^j 0.45^{19-j} \frac{19!}{j! \times (19-n)!}$$

$$= 0.9 + 0.11 \times (0.55 + 0.45)^{19}$$

$$= 1.01$$

上述計算 1.01 的結果，意味著同時玩 20 場賭局，玩 1 次後資金的算術平均數為 1.01，也就是算術平均報酬為 1%。玩 12 次的報酬率為：

$$1.01^{12} \cong 1.126825$$

這個結果恰好也就是前述計算若只玩 1 場賭局並玩 12 次平均報酬率 (約為 12.68%)。我們後續會試著證明玩 T 次的算術平均報酬即為玩 1 次的算術平均報酬的 T 次方。總結上面實際例子的推導，我們於是有下面定理。

● **定理：**

考慮勝率為 p，賠率為 b 的賭局。若同時玩 N 局，每局分別下注 f 比例的資金，也就是一共下 fN 的資金比例，則玩 1 次報酬率的算術平均數為：

$$fN\left(p\left(1+b\right)-1\right)$$

● **證明：**

因為同時玩 N 局，假設 N 局裡有 n 次贏、$N-n$ 次輸，則此事件發生的機率為：

$$C_n^N\, p^n\left(1-p\right)^{N-n}$$

而資金成長為：

$$1+n\times bf-\left(N-n\right)\times f$$

將每一種可能的資金成長，乘上其發生的機率，我們得到成長資金的算術平均數，計算如下：

$$\sum_{n=0}^{N} C_n^N p^n \left(1-p\right)^{N-n} \times \left(1+n \times bf - \left(N-n\right) \times f\right)$$

$$= \sum_{n=0}^{N} C_n^N p^n \left(1-p\right)^{N-n} \times \left(1 - Nf + \left(b+1\right) f \times n\right)$$

此表示法因為 k 隨著累加在變動，我們可將上式拆分為下面兩式的和：

$$\left(\left(1-Nf\right) \sum_{n=0}^{N} C_n^N p^n \left(1-p\right)^{N-n} \right) + \left(\left(b+1\right) f \sum_{n=0}^{N} C_n^N p^n \left(1-p\right)^{N-n} \times n \right)$$

欲化簡上面式子，我們用下面兩個引理。

● **引理** 1：

對於所有自然數 N 與機率 p，我們有：

$$\sum_{n=0}^{N} C_n^N p^n \left(1-p\right)^{N-n} = 1$$

● **證明 1：**

$$\sum_{n=0}^{N} C_n^N \, p^n \left(1-p\right)^{N-n} = \sum_{n=0}^{N} \frac{N!}{n! \times \left(N-n\right)!} \, p^n \left(1-p\right)^{N-n}$$

$$= \left(p + \left(1-p\right) \right)^N$$

$$= 1^N$$

$$= 1$$

● **引理 2：**

對於所有自然數 N，我們有：

$$\sum_{n=0}^{N} C_n^N \, p^n \left(1-p\right)^{N-n} \times n = N$$

● **證明 2：**

$$\sum_{n=0}^{N} C_n^N \, p^n \left(1-p\right)^{N-n} \times n = \sum_{n=0}^{N} \frac{N!}{n! \times \left(N-n\right)!} \, p^n \left(1-p\right)^{N-n} \times n$$

$$= 0 + \sum_{n=1}^{N} \frac{N!}{\left(n-1\right)! \times \left(N-n\right)!} \, p^n \left(1-p\right)^{N-n}$$

將上式的 N 提出來在外面，並且令 $j = n - 1$，也就是 $n = j + 1$，我們得到：

第 9 章

$$\sum_{n=1}^{N} \frac{N!}{(n-1)! \times (N-n)!} p^n (1-p)^{N-n}$$

$$= N \times \sum_{j=0}^{N-1} \frac{(N-1)!}{j! \times (N-1-j)!} p^{j+1} (1-p)^{N-1-j}$$

$$= N \times p \times \sum_{j=0}^{N-1} \frac{(N-1)!}{j! \times (N-1-j)!} p^{j} (1-p)^{N-1-j}$$

$$= N \times p \times 1^{N-1}$$

$$= Np$$

因此，定理最後式子繼續推導如下：

$$\sum_{n=0}^{N} C_n^N p^n (1-p)^{N-n} \times \left(\left(1 - Nf + (b+1) f \times n \right) \right)$$

$$= (1-Nf) \sum_{n=0}^{N} C_n^N p^n (1-p)^{N-n} + (b+1) f \sum_{n=0}^{N} C_n^N p^n (1-p)^{N-n} \times n$$

$$= (1-Nf) \times 1 + (b+1) f \times Np$$

$$= 1 + fN \left(p(1+b) - 1 \right)$$

上述為資金成長的算術平均數（含本金），扣掉本金　1　後，可得到報酬率的算術平均為 $fN(p(1 + b) - 1)$，故定理得證。

上述結果證明，同時玩 N 場賭局，玩 1 次報酬率的算術平均數為 $fN(p(1 + b)\text{-}1)$，注意到當 $N = 1$，便是 2.6 小節討論一次只玩 1 場賭局，玩 1 次報酬率的算術平均數，也就是 $fN(p(1 + b) - 1)$。我們也因此有以下推論。

● **推論：**

考慮勝率為 p，贏的賠率為 b_1、賠的賠率為 b_2 的賭局。若同時玩 N 局，每局分別下注 f 比例的資金，也就是一共下 fN 的資金比例，則玩 1 次報酬率的算術平均數為 $fN\left(pb_1 + (1 - p)b_2\right)$。

從上述定理與推論可知，同時玩 N 場賭局報酬率的算術平均數，就是將一次只玩一場賭局，其報酬率的算術平均數直接乘上 N 倍就好。這邊也可看出賭局分散的好處，呼應 9.2 小節為何同時玩越多場賭局越好將資金分散最好。我們用下面定理說明。

● **定理：**

勝率為 p、賠率為 b 的賭局，考慮下面兩種下注玩法：

1. 下注 1 場賭局玩 1 次，且下注比例為用凱利法則計算的最佳下注比例 f^*，也就是 $f^* = \dfrac{p(1+b) - 1}{b}$。

2. 同時下注 N 場賭局玩 1 次，且每場賭局的下注比例為 $f^{N*} = \dfrac{f^*}{N}$，也就是 $f^{N*} = \dfrac{p(1+b) - 1}{Nb}$。

則下注 N 場賭局玩 1 次的效果，必定優於下注 1 場賭局玩 1 次。

● **證明：**

下注 1 場賭局玩 1 次，其報酬率的算術平均數為 $f^*\left(p\left(1+b\right)-1\right)$。下注 N 場賭局玩 1 次，根據前述定理，其報酬率的算術平均報酬為：

$$f^{N*}N\left(p\left(1+b\right)-1\right)=\frac{p\left(1+b\right)-1}{Nb}\times N\left(p\left(1+b\right)-1\right)$$

$$=\frac{p\left(1+b\right)-1}{b}\times\left(p\left(1+b\right)-1\right)$$

$$=f^*\left(p\left(1+b\right)-1\right)$$

兩種情境下的下注方式其報酬率的算術平均數是一樣的。但根據 9.1 小節推論，在同樣總資金下注比例下，玩多場賭局的穩定度，必定優於玩較少場賭局的穩定度。因此，在算術平均報酬一樣的情況下，同時下注 N 場賭局玩 1 次，其效果必定優於下注一場賭局玩 1 次。

舉例來說，以 9.1 小節情境 1 與情境 2 例子為例。考慮勝率 55%、賠率為 1 的賭局，玩 1 場與同時玩 20 場兩種情形。根據凱利公式，最佳下注比例為 10%。只玩 1 場報酬率的算術平均數為：

$$f\left(p\left(1+b\right)-1\right)=10\%\times\left(55\%\times\left(1+1\right)-1\right)=1\%$$

若同時玩 10 場，若每場平均分配玩 1 場所用的資金比例 10%，也就是 $\dfrac{10\%}{10}=1\%$，則同時玩 10 場的報酬率的算術平均數為：

$$fN\left(p\left(1+b\right)-1\right)=1\%\times10\times\left(55\%\times\left(1+1\right)-1\right)=1\%$$

一樣的報酬率的算術平均數，但如 9.1 小節的實驗所示，累計損益曲線的波動卻穩定許多。

必須特別提醒一點，這裡我們若最佳化同時玩多場賭局的下注比例 f，使得報酬率的算術平均數最大，是沒有意義的。可觀察到同時玩多場賭局的算術平均報酬公式仍為一個線性函數。因此，若欲最大化算術平均報酬，下注比例 f 當然是越大越好。然而，如同 2.6 小節的論述，算術平均報酬無限制的最大化是不切實際的，因為前提條件是假設賭局可以無限制的重複，但在真實世界中，人生並不能重來。

如果為了最大化算術平均報酬，使得下注比例任意大，甚至遠超過可承受的槓桿上界，導致有可能一次性的破產甚至負債，即使發生機率很低，但這在現實生活中就是不切實際，永遠要記得，破產只需要一次，破產後也沒有時光機再重來一次。根據本節的結果，我們合理的有下面針對 Case 4 的推論（沒有證明）。

● 推論：

考慮勝率為 p、賠率為 b 的賭局，同時玩 N 局。若每一局分別下注 f 比例的資金，也就是一共下注 fN 的資金比例，則玩 T 次後資金成長的算術平均數為：

$$\left(1+fN\left(p\left(1+b\right)-1\right)\right)^{T}$$

第 9 章

9.4 | 長期腳踏 N 條船的報酬風險平衡 (Case 4)

我們再回來討論 9.1 小節的情境 2。勝率 55%、賠率為 1 的賭局，每次同時下注 20 場賭局玩 12 次 ($N = 20$, $T = 12$, Case 4)。9.2 小節是用單一賭局的凱利比例 10%（$= \dfrac{55\% \times (1+1) - 1}{1}$）進行分配，因此討論每次每局下注 0.5%（$= \dfrac{10\%}{20}$）。

觀察 9.2 小節的風險分析，可以發現當同時玩的局數夠多時，每一次的每一局所分配到的金額是相當小的。因為採取總量管制，也就是不管同時玩 1 局、玩 2 局到玩 50 局。**總量**都限定在玩 1 局設定下的最佳下注比例 20%。因此不管是那一種情形，最慘就是把這 20% 的資金賠光，只是玩 1 局的話有很大的機會，一次就賠掉 20%。但同時玩 50 局，一次就賠掉 20% 的機會卻變得非常小。也因為控制了總量部位，期望報酬始終都一樣，只是藉由同時玩多場賭局讓風險變小。

然而，我們可以不用如此保守，這還不是槓桿空間模型的威力。藉由程式模擬的方式，可以計算同時玩多次、多場賭局的最佳下注比例，那會使得報酬績效大大提升，但風險也會相對變大。所幸的是，這樣的風險換來的利潤，是值得的。本節我們考慮的便是在稍微提升下注比例，但還是以最佳化為上界的前提下，風險與利潤的變化情形。

根據 9.2 小節的推導，在勝率為 55%、賠率為 1 的賭局下，同時玩 20 場賭局玩 12 次的資金成長，其算術平均數如下：

$$\sum_{\substack{\{k_1, k_2, \ldots, k_{12}\} \\ \in \{0,1,2,\ldots,20\}^{12}}} \left(\prod_{t=1}^{12} \left(C_{k_t}^{20} 0.55^{k_t} 0.45^{20-k_t} \right) \right) \left(\prod_{t=1}^{12} \left(1 + k_t f - (20 - k_t) f \right) \right)$$

$$= \sum_{\substack{\{k_1, k_2, \ldots, k_{12}\} \\ \in \{0,1,2,\ldots,20\}^{12}}} \left(\prod_{t=1}^{12} \left(C_{k_t}^{20} 0.55^{k_t} 0.45^{20-k_t} \right) \left(1 + (2k_t - 20) f \right) \right)$$

上面式子過於複雜我們無法計算，於是我們採用程式模擬方式計算其資金成長的算術平均數。同時下注 20 場賭局玩 12 次，假設第 t 次輸贏為：贏 k_t 場、輸 $20 - k_t$ 場，其中 $t = 1, \cdots, 12$。則資金成長為：

$$\prod_{t=1}^{12} \left(1 + k_t f - (20 - k_t) f \right)$$

我們不斷重複模擬 20 場賭局玩 12 次的輸贏結果（例如模擬 100,000 次），並且將不同的下注比例（$f = 0.5\%$、2%、3%、4%、5%）代入上式，計算最後資金成長的算術平均數。

在情境 2 底下，若每次每局下注 2% 的資金比例，因為有 20 局，所以總共下注 40% 的資金比例。則根據模擬的結果，平均獲利約為 60.08%，賠錢的機率約為 7.94%，夏普值約為 1.238。若每次每局下注比例提高到 3%，也就是每次總共下注 60% 比例的資金，則平均獲利為 101.21%，賠錢的機率為 9.146%，夏普值為 1.109。

若提高到 4% 的資金比例，等於每次總共下 80% 比例的資金，則平均獲利為 152.10%，賠錢的機率為 10.583%，夏普值為 0.979。最高上限若提高到 5% 的資金比例，則會下注 100% 比例的資金，平均獲利為 213.18%、賠錢機率為 12.11%、夏普值為 0.865。我們整理如下表（可參考附錄 9.4 來計算不同下注比例的風險與報酬）。

第 9 章

下注比例	期望報酬	賠錢機率	夏普值
0.5%	12.68%	6.82%	1.392
2%	60.08%	7.94%	1.238
3%	101.21%	9.146%	1.109
4%	152.10%	10.583%	0.979
5%	213.18%	12.113%	0.865

　　上面表格可看出，**在多場賭局下適當的放大資金比例是相當划算的，而多場賭局的最佳下注比例，也就是報酬最大化的計算，再加上同時多場賭局的穩定度提升，可以達到風險更小的效果！**這是銅板賭局的凱利法則，擴展到時間與空間上，槓桿空間模型最佳化的研究。

　　然而，如本書第 4 章所討論，有限次數的賭局，最佳下注比例其實是有相對高的風險。即使資金成長會最大化，但仍有不小的機率會導致賠錢。槓桿空間模型藉由空間的分散，同時下注多場賭局剛好可以減緩這個風險，且維持甚至放大收益的效果。**這是將投資最需要的時間複利，轉換為用空間複利成長，最巧妙的時空轉換運用。**

　　那到底槓桿空間模型的最佳下注比例，是否可以像凱利法則那樣計算出來封閉解？事實上這可能一點都不重要。原因是同時下注有利可圖的賭局，當局數夠多時，基本上最佳分配的下注比例上界已經被限制住。舉例來說，情境 2 的賭局若是改成同時下注 50 局，那就算總資金可運用到 100%，每局分配的資金比例也才 2%（ $= \dfrac{100\%}{50}$ ）。因次我們就針對各個賭局去尋找 $0\% \le f \le 2\%$「適合」的比例就可以了。就算使用的 f 不精確，但因為 2% 的範圍內，f 也離最佳化比例差距不甚遠，我們根本不需要做太複雜的計算。

　　這觀念也可用在多市場多商品多策略上，直接控制每個策略在每個商品上的最大風險，例如每次交易不能虧損總資金比例的 1% ～ 2%。也是一種很簡單有效的資金管理機制。槓桿空間模型的計算，確認可以對資金進行最有效的運用，放大利潤並降低風險。本章我們用理論模擬的方式證明這件事，只要分散得夠多，下注小一點就是最佳方式！

9.5 資金在時間空間下成長的算術平均數總整理

最後，我們整理四種 Cases 的資金成長的算術平均數：

● **Case 1 單場賭局玩單次：**

勝率為 p，賠率為 b 的賭局，若下注 1 場（局）。則玩 1 次資金成長的算術平均數為：

$$p \times (1 + bf) + (1 - p) \times (1 - f) = 1 + f\left(p(1 + b) - 1\right)$$

由於本金為 1，所以報酬率為 $f(p(1 + b)-1)$，我們稱之為算數平均報酬，即為資金成長的算術平均數減去 1。

● **Case 2 單場賭局玩多次：**

勝率為 p、賠率為 b 的賭局，每次下注 1 場賭局，則玩 T 次後資金成長的算術平均數為：

$$\sum_{k=0}^{T} C_k^T p^k (1 - p)^{T-k} \times (1 + bf)^k (1 - f)^{T-k} = \left(1 + f\left(p(1 + b) - 1\right)\right)^T$$

若把 T 步的資金成長開 T 次根計算其幾和平均數，我們可以得到「期望平均複合成長 (Expected Average Compuond Growth, EACG)」：

$$\text{EACG}_{p,b,T}\left(f\right) = \sum_{k=0}^{T} C_k^T \, p^k \left(1-p\right)^{T-k} \times \left(\left(1+bf\right)^k \left(1-f\right)^{T-k}\right)^{\frac{1}{T}}$$

$$= \left(p\left(1+bf\right)^{\frac{1}{T}} + \left(1-p\right)\left(1-f\right)^{\frac{1}{T}} \right)^{T}$$

注意到 EACG 的有限次 T 步若趨近於無限大，對 f 取 argmax 後可得到凱利公式：

$$\operatorname*{argmax}_{f} \lim_{T \to \infty} \left(p\left(1+bf\right)^{\frac{1}{T}} + \left(1-p\right)\left(1-f\right)^{\frac{1}{T}} \right)^{T} = \frac{p\left(1+b\right)-1}{b}$$

● **Case 3 同時下注多場賭局玩 1 次：**

勝率為 p、賠率為 b 的賭局，同時下注 N 局，且每局分別下注 f 比例的資金，也就是一共下注 fN 的資金比例。則玩 1 次的資金成長的算術平均數為：

$$\sum_{n=0}^{N} C_n^N \, p^n \left(1-p\right)^{N-n} \times \left(1 + n \times bf - \left(N-n\right) \times f\right) = 1 + fN\left(p\left(1+b\right)-1\right)$$

報酬率的算術平均數（算術平均報酬）為：

$$fN\left(p\left(1+b\right)-1\right)$$

● **Case 4 同時下注多場賭局玩多次：**

勝率為 p，賠率為 b 的賭局，同時下注 N 局，且每局分別下注 f 比例的資金，也就是一共下注 fN 的資金比例。則玩 1 次的資金成長的算術平均數為：

$$\left(1 + fN\left(p\left(1+b\right)-1\right)\right)^{T}$$

前面 Case 1、Case 2、Case 3 我們都可用理論推導的方式,計算出其封閉解的資金成長的算術平均數,但 Case 4 由於時間與空間的複雜度,目前尚無法推導計算,只能根據合理的推測為:

$$\left(1 + fN\left(p\left(1+b\right)-1\right)\right)^{T}$$

事實上我們可用模擬的方式去驗證。我們整理 4 種 Cases 的資金成長的算術平均數,如下表格:

空間＼時間	玩 1 次	玩 T 次
下注 1 場賭局	Case 1:(理論推導) $1 + f\left(p\left(1+b\right)-1\right)$	Case 2:(理論推導) $\left(1 + f\left(p\left(1+b\right)-1\right)\right)^{T}$
同時下注 N 場賭局	Case 3:(理論推導) $1 + fN\left(p\left(1+b\right)-1\right)$	Case 4:(模擬推論) $\left(1 + fN\left(p\left(1+b\right)-1\right)\right)^{T}$

第 9 章

MEMO

結語

投資與投機的富麗人生

　　到這邊，本書也接近尾聲了。不論偏好「投機」還是「投資」，讀者們心中應該都有個定見。**但不管哪種交易方式，都是資金管理的學問。**這個學問，很簡單，都寫在書裡；但也可以很複雜，複雜到諾貝爾經濟學獎得主經營的長期資本管理公司，都在很小的機率下破產了。破產發生就是發生，即使機率再小。況且，機率還是必須假設「可以試驗無限多次」的前提下，這個「理論必須的假設」與「現實必然的遭遇」往往不相匹配。

▌交易策略的資金管理

　　在課堂上我常跟學生說：『最好的資金管理方式就是**不要有部位**』。同學常常覺得是玩笑話，其實不是真的說不要下單，而是當有疑慮，有無法掌握的不確定因素時，寧可不要交易。若是貿然投入，那才是一般大眾所認知的「賭博」。事實上，做交易，可以投資，也可以投機。**投機不是賭博，投機是門學問，是藝術，但需要有完善的資料分析、風險管理。**在金融市場可能是價量的技術分析、資金的籌碼判斷，或是基本面的探討；或是在運動賽事，可能是過去的比賽紀錄、球員表現、甚至天氣環境…等數據。這些都是從資料科學中分析出來的結果，是賠率搭配機率的預測。**若要實現這個預測，我們需要用資金管理的方式來進行下注。**

許多耳熟能詳的交易金句，也都跟資金管理相關。德國股神科斯托蘭尼說：『沒破產過兩次，稱不上偉大的投機家』。中國有句俚語：『留得青山在，不怕沒柴燒』。交易圈常聽到的一句話：『翻倍可以很多次，破產只需要一次』。這些都是在強調資金管理的重要性。剛進入金融市場的年輕朋友，往往喜歡短線交易，享受當沖的快感，或是那種猜對方向的成就感。當沖不是不能做，但相比於波段長線，需要付出更大的心力成本，尤其是在短時間內需要有效控制風險與快速放大獲利，這精湛的技術與強大的心理素質，非大部份常人所能具備。

波段長線策略就比較沒有這個問題，最基本的就是規劃好風險，事先掌握可能的最大損失，讓獲利奔跑 (cut the loss, let the profit run)。藉由停損、停利、加碼、減碼…等方式，控制部位大小。這都是擬定交易策略時就須做好的資金管理，若無事先分析規劃，僅憑著喜好進行買賣，長期下來必定吃虧。尤其是停損，特別重要，多少英雄好漢，都是陣亡在一次極端事件下的重大損失，而這重大損失的關鍵，都來自於「不停損」。**停損，一定要跟呼吸一樣自然。切記！**

投資與投機的資金管理

本書一直沒有提到何謂**投資**與**投機**。事實上，訪間並沒有一套明確量化的方式為這兩者作定義，但我們通常可用「預期損益的不確定性」的程度來表示。**追求低買高賣的行為偏向投機，也具有較多的損益不確定性**。畢竟沒有人能夠在買入股票時，就保證一定會獲利賣出，不論是當沖或是波段交易都一樣。萬一遇到賠錢，又是大部位賠錢，那就是投機的資金管理沒有做好。低買高賣就是一次性的交易行為，像下注一次賭局一樣，開獎（賣出）後就結束了。下次再投入是另一場賭局的開始，這是本書定義的「投機」。

因此，只要是想要低買高賣的交易行為，無論是短線還是波段，我們都可視為「投機」。我們在第一章也提過，投資人在股市喜歡追求「明牌」，眾人往往只問再來要買哪支股票，只關心明天哪支股票會漲？鮮少有人在乎要買多少資金部位？投入多少資金比例，或是在進場的時候也規劃好如何出場。無論如何，這些追求低買高賣的操作，都還必須分析適合的投入資金大小，這是**投機的資金管理**。

至於「投資的資金管理」，本書定義「投資」如下：**買入持有一個商品，且能製造穩定的現金流**。注意到，重點在「穩定」製造現金流。所以商品持有愈久，累計的現金流會越多，也可視為持有成本越低。定期定額存股，便是類似概念，這也是一種常見的資金管理方式。定期定額的重點在於買到商品過去的平均價位，不會全部資金買在高點，但也不會買在最低點。只要商品價值表現穩定，長期向上成長，又能穩定配股配息製造現金流，那就是好的投資。巴菲特所提倡的買指數型 ETF，就是這樣的概念。關於投機與投資，我們可以做個小結：

- **「投機」追求的是低買高賣賺差價，是屬於一次性的交易行為。**

- **「投資」追求的是持有商品穩定的製造現金流，是永續的概念。**

無論是投資還是投機，都可運用本書資金管理的數學進行配置，尤其是第八章、第九章介紹槓桿空間模型，**腳踏多條船才能讓整體資金穩定成長。**

▋富麗人生的資金管理

綜上所述，投機的低買高賣，需要制定良好的交易策略；投資的穩定現金流，需要尋找適合的商品標的。**我們在交易上不斷的做出決策，如同人生一樣，總是一路的在做各種選擇。** 在本書中，我們也傳達另一個重要的概念：「任何交易次數都是有限的，人生的選擇也是有限的」。我們一昧地追求交易獲利，或是人生名利，用了太多的最佳化，卻忽略了機率必須假設在試驗無窮多次的前提下。好在，**我們雖沒有無限長的人生複利成長，但有無限廣的空間發揮，最後一樣能夠複利迎向富麗。**

交易上的虧損、人生遭遇的挫折，本來就是家常便飯，但這些苦楚與浩瀚時空相比，都只是滄海一粟，任何事物都有走向結束的一天（有限），重點是控制好每一步的風險。在我們有限的時間內，多面向發展，別把雞蛋（資源）都放在同一個籃子（人事物）。槓桿空間模型告訴我們，不只是風險的考量，腳踏多條船更是資金成長最大效益的發揮。**避免糾結在某一刻的輸贏，或是在乎那一時的成敗。應該要同時運用多策略、多商品、多市場的力量，才能落實有利可圖的期望值**。這看起來像神話般的敘述，不是亂說，而是鐵錚錚的數學！

最後，金剛經結語的四句偈：「一切有為法，如夢幻泡影，如露亦如電，應作如是觀」。資金管理雖然在追求獲利的穩定，但在金融市場與人生道路上，唯一不變的就是一直在變。然而，環境不轉心境可轉。每次的遭遇都是一次新的評估（機率賠率），然後才有所作為（下注比例）。雖然本書從數理以及賭局的角度出發，但希望讀者在閱讀完本書後，能藉由金剛經的方式，把量化交易看的清楚，也把人生處事看得透徹。

賭局、交易、人生，都需要放下的勇氣，看破的智慧。凱利法則金剛經，這一系列關於資金管理的介紹，帶給我們最重要的啟發就是：**凡事留有餘地，維持中庸之道，邁向富麗人生。**

MEMO

附錄 A

R 程式碼

在本書中，我們使用 R 語言進行各章節的程式模擬結果。本附錄收錄各章節繪圖、統計及賭局模擬的程式碼，為了進一步方便讀者，也可以直接透過以下網址進行下載：

https://www.flag.com.tw/bk/st/F4932

（輸入下載連結時，請注意大小寫必需相同）

下載後解開壓縮檔，即可看到如圖的檔案內容，皆為 R 程式碼檔案，讀者可使用 RStudio 等相關編譯器開啟執行。

▲ 程式碼依圖表順序排列

以下為各章節程式碼，依照圖號編排，讀者可對照**內文圖號**來繪製出對應的圖表或模擬結果。

▌第1章 程式碼

圖 1.1 ┃ 3日後的漲跌分佈

```
library(quantmod)
STK=get(getSymbols("^TWII")) # 大盤指數
chartSeries(STK)


up = which((OpCl(STK)>0.01)==1)


up.his = (as.numeric(Cl(STK)[up+3])-
          as.numeric(Cl(STK)[up]))/
          as.numeric(Cl(STK)[up])


dn=which((OpCl(STK)<(-0.01))==1)


dn.his=(as.numeric(Cl(STK)[dn+3])-
        as.numeric(Cl(STK)[dn]))/
        as.numeric(Cl(STK)[dn])


par(mfrow=c(1,2))
hist(up.his,nclass=30,col="red",ylab="次數"
     ,xlab="漲跌",main="日K長紅>1.5%，三日後漲跌分佈")
abline(v = 0, col = "blue", lty = 2, lwd = 2)


hist(dn.his,nclass=50,col="green",ylab="次數"
     ,xlab="漲跌",main="日K長黑<-1.5%，三日後漲跌分佈")
abline(v = 0, col = "blue", lty = 2, lwd = 2)
```

第 2 章　程式碼

圖 1.1　**3 日後的漲跌分佈**

```
library(quantmod)
STK=get(getSymbols("^TWII")) # 大盤指數
chartSeries(STK)

up = which((OpCl(STK)>0.01)==1)

up.his = (as.numeric(Cl(STK)[up+3])-
          as.numeric(Cl(STK)[up]))/
          as.numeric(Cl(STK)[up])

dn=which((OpCl(STK)<(-0.01))==1)

dn.his=(as.numeric(Cl(STK)[dn+3])-
        as.numeric(Cl(STK)[dn]))/
        as.numeric(Cl(STK)[dn])

par(mfrow=c(1,2))
hist(up.his,nclass=30,col="red",ylab="次數"
      ,xlab="漲跌",main="日K長紅>1.5%，三日後漲跌分佈")
abline(v = 0, col = "blue", lty = 2, lwd = 2)

hist(dn.his,nclass=50,col="green",ylab="次數"
      ,xlab="漲跌",main="日K長黑<-1.5%，三日後漲跌分佈")
abline(v = 0, col = "blue", lty = 2, lwd = 2)
```

圖 2.2　下注比例與期望平均複合成長

```
p = 0.5; b = 2 # 勝率及賠率

T = 6; k = 0:T # 賭局次數

eacg = function(f){sum(
    (choose(T,k)*p^k*(1-p)^(T-k))* ((1+b*f)^k*(1-f)^(T-k))^(1/T))}

EACG = as.numeric(lapply(seq(0,1,0.01),eacg))

plot(EACG,type="l",lwd=2,col="red",xaxt="n",xlab="Bidding fraction",
    main = paste0(
        "T=",T,", f=",tail(order(EACG),1)-1,"%, EACG=",
        round(max(EACG),2)))

axis(1,1:101,seq(0,1,0.01))

abline(h=1, col="green",lty=2)

abline(v=tail(order(EACG),1),col="blue",lty=2)
```

圖 2.3　局數與最佳比例的關係

```
p = 0.5;
b = 2;
opt = maxE = NULL;
noT = 30;
```

接下頁

```
for (T in seq(1:noT)) {
   k = 0:T;
   eacg = function(f) {
     sum((choose(T, k) * p^k * (1-p)^(T-k)) *
         ((1 + b*f)^k * (1-f)^(T-k))^(1/T))
   }
   EACG = as.numeric(lapply(seq(0, 1, 0.001), eacg))
   opt = c(opt, tail(order(EACG) - 10, 1))
   maxE = c(maxE, max(EACG))
}


plot(opt/1000, type="h", lwd=2, col="blue", xaxt="n", yaxt="n",
     ylim=c(0,1), ylab="Opt. Frac.", xlab="T: # of playing")
axis(1, 1:noT, paste0("T=", 1:noT))
axis(2, seq(0, 1, 0.01), paste0(seq(0, 1, 0.01)*100, "%"))
abline(h=0.25, col="green", lty=2)
par(new=T)
```

▍第 3 章 程式碼

圖 3.1　模擬固定金額與固定比例

```
init = 100  # 初始資金


coin = c(2, -1, -1, 2, 2)   # 輸贏賺賠比


PL1 = c(init, init + cumsum(20 * coin))


PL2 = c(init, init * cumprod(1 + 0.2 * coin))


plot(PL1, type = "o", col = "blue", xlab = "Times",
     ylab = "Capital", ylim = range(PL1, PL2), lwd = 2, xaxt = "n")
axis(1, at = 1:length(coin), labels = 0:(length(coin) - 1))


par(new = TRUE)
plot(PL2, type = "o", col = "red", xlab = "Times",
     ylab = "Capital", ylim = range(PL1, PL2), lwd = 2, xaxt = "n")


abline(h = init, col = "green", lty = 2)
```

圖 3.2　下注固定比例的累計損益曲線

```
init = cap = 1  # 初始資金與資產累計向量


odds = 2 # 賠率


f = 0.25 # 下注比例


nbet = 100 # 賭局次數
```

接下頁

```
# 模擬賭局
for (k in 1:nbet) {

  coin = sample(c(-1, odds), 1)

  cap = c(cap, tail(cap, 1) * (1 + coin * f))
}

plot(cap, type = "l", lwd = 2, col = "red", xlab = "Bid No.",
     main = paste0(
       "Bid: ", f * 100, "% ; ", "Return:", round(tail(cap, 1), 2)))

abline(h = 1, col = "green", lty = 2)
```

| 圖 3.6 | 銅板賭局的下注比例的理論報酬 |

```
pwin = 0.5 # 設定勝率

b = 2 # 賠率

nbet = 20 # 玩 T次

(Exp = pwin*b+(1-pwin)*b) # 計算期望值

f = seq(0,1,0.01)

(Bid = ((1+f*b)^(pwin*nbet))*((1-f)^((1-pwin)*nbet)))

(OptF = (order(Bid)[length(Bid)]-1)/100)
```

接下頁

```
plot(Bid, type="l", lwd=2, col="red" , xaxt = "n",
     xlab="Bidding", ylab="Return", font=2, main=paste0(
     "Opt f: ",OptF,", winRate: ",pwin*100,"%",
     ", odd: ",b,", play",nbet," times"))

axis(1,1:length(seq(0,1,0.01)),
     seq(0,1,0.01),col="black",lwd=2,font=2)

abline(h=1, lty=2, col="green", lwd=2)

abline(v=order(Bid)[length(Bid)],lty=2,col="blue",lwd=2)
```

圖 3.7　銅板賭局下注比例在不同次數的理論報酬

```
pwin = 0.5 # 設定勝率

b = 2 # 賠率

(Exp=pwin*b+(1-pwin)*b) # 計算期望值

f = seq(0,1,0.01)

for (nbet in 1:20){
  (Bid=((1+f*b)^(pwin*nbet))*((1-f)^((1-pwin)*nbet)))

  (OptF=(order(Bid)[length(Bid)]-1)/100)

  par(new=T)
```

附錄
A

圖 3.7　銅板賭局下注比例在不同次數的理論報酬

```
pwin = 0.5 # 設定勝率

b = 2 # 賠率

(Exp=pwin*b+(1-pwin)*b) # 計算期望值

f = seq(0,1,0.01)

for (nbet in 1:20){
  (Bid=((1+f*b)^(pwin*nbet))*((1-f)^((1-pwin)*nbet)))

  (OptF=(order(Bid)[length(Bid)]-1)/100)

  par(new=T)

  plot(Bid, type="l", col="red" , xaxt = "n", ylim = c(0,3.3),
       xlab="Bidding", ylab="Return", main=paste0(
          "Opt f: ",OptF,", winRate: ",pwin*100,"%",",",
          " odd: ",b,", Play 1~20 times"))
}

axis(1,1:length(seq(0,1,0.01)),seq(0,1,0.01),
     col="black",lwd=2,font=2)
```

圖 3.9　下注比例與報酬

```
pwin = 0.5
b1 = 0.2 # 贏錢，賭 1 塊錢淨賺的
b2 = -0.1 # 輸錢，賭 1 塊錢淨賠的

leverage = abs(1 / b2) # 可以開到的最大槓桿
```

接下頁

```
nbet = 20

f = seq(0, leverage, 0.01)

Bid = ((1 + f * b1)^(pwin * nbet)) * ((1 + f * b2)^((1 - pwin) * nbet))

OptF = as.numeric(which(Bid == max(Bid))) - 1

plot(Bid, type = "l", lwd = 2, col = "red",
     xaxt = "n", xlab = "Bidding",
     ylab = "Return", font = 2,
     main = paste0("Opt F: ", OptF, "%", ", WinRate: ", pwin * 100,
                   "%", ", WOdds: ", b1, ", LOdds: ", b2))

axis(1, 1:length(seq(0, leverage, 0.01)), seq(0, leverage, 0.01),
     col = "black", lwd = 2, font = 2)

abline(h = 1, lty = 2, col = "green", lwd = 2)

abline(v = order(Bid)[length(Bid)], lty = 2, col = "blue", lwd = 2)
```

圖 3.12　有限次數下：不同下注比例的資金期望成長

```
rm(list = ls())

pwin = 0.5 # 勝率
odds = 2 # 賠率
f = seq(0, 1, 0.01)
nbet = 20
Ret = NULL
```

接下頁

```
for (T in 1:nbet) {
  Ret = cbind(Ret, (((pwin * ((1 + odds * f)^(1 / T))) +
                        ((1 - pwin) * ((1 - f)^(1 / T))))^(T^2)))
}


colorz = sample(colours(), ncol(Ret), replace = TRUE)

matplot(Ret, type = "l", col = colorz, lwd = 2,
        xlab = "The Bidding Fraction",
        ylab = "The Expected Average Compound Growth",
        ylim = c(0.5, max(Ret)),
        main = paste("2:1 coin-toss games at 1 ~", nbet, "horizons"),
        xaxt = "n")

axis(1, 1:100, seq(0.01, 1, 0.01))

abline(h = 1, col = "green", lty = 2, lwd = 1)
abline(v = which.max(Ret[, nbet]), col = "blue", lty = 2, lwd = 1)

View(Ret)
```

第 4 章 程式碼

圖 4.1	凱利比例下注的報酬分佈

```r
odds = 1 # 賠率
pwin = 0.55 # 勝率
f = ((pwin * (1 + odds)) - 1) / odds # 凱利比例
nbet = 12
cap = NULL
Simu = 100000 # 模擬次數

for (simu in 1:Simu) {
  dice = sample(
      c(-1, odds), nbet, prob = c(1 - pwin, pwin), replace = TRUE)
  cap = c(cap, prod(1 + dice * f))
}

Rcap = cap - 1 # 報酬率
LoseProb = length(Rcap[Rcap < 0]) / Simu # 賠錢機率

hist(Rcap, freq = FALSE, xlab = "Return", border = FALSE,
     main = paste0("Playing ", nbet, " times, Losing Prob.: ",
                   round(LoseProb * 100, 2), "%"))

abline(v = 0, col = "blue", lty = 2, lwd = 2)

quantile(Rcap)
```

圖 4.2　用凱利比例下注在有限次數賭局的報酬分佈

```r
odds = 1 # 賠率
pwin = 0.55 # 勝率
f = ((pwin * (1 + odds)) - 1) / odds # 凱利比例

par(mfrow = c(1, 3))

for (nbet in c(12, 25, 50)) {
  cap = NULL
  Simu = 10000 # 模擬次數

  for (simu in 1:Simu) {
    dice = sample(
        c(-1, odds), nbet, prob = c(1 - pwin, pwin), replace = TRUE)
    cap = c(cap, prod(1 + dice * f))
  }

  Ret = cap - 1 # 報酬率
  LoseProb = length(Ret[Ret < 0]) / Simu # 賠錢機率

  hist(Ret, nclass = 30, freq = FALSE, col = "lightgreen",
       xlab = "Return", border = FALSE,
       ylim = c(0, max(density(Ret)$y)),
       main = paste0("Playing ", nbet, " times, Losing Prob.: ",
                     round(LoseProb * 100, 2), "%"))
  lines(density(Ret), col = "red")
  abline(v = 0, col = "blue", lty = 2, lwd = 2)
}
```

圖 4.6　下注比例與賠錢機率的關係

```
odds = 2 # 賠率
pwin = 0.5 # 機率
nbet = 10 # 次數
LP = NULL # 賠錢機率向量

for (f in seq(0.01, 1, 0.01)) {
  l = sum((1 + odds * f)^(nbet - (0:nbet)) * (1 - f)^(0:nbet) >= 1)
  # 最小賠錢次數
  loseProb = sum(choose(nbet, l:nbet) * (pwin^(nbet - (l:nbet))) *
                  ((1 - pwin)^(l:nbet)))
  LP = c(LP, loseProb)
}

plot(LP, xlab = "Bidding Fraction", ylab = "Losing Prob.",
     col = "red", xaxt = "n",
     main = paste0("WinRate ", pwin, "; Odds ", odds,
                                "; Playing ", nbet, " times"))
axis(1, at = 1:100, labels = seq(0.01, 1, 0.01))
```

圖 4.8　下注比例與初始回檔的盒鬚圖

```
odds = 2
pwin = 0.5
nbet = 100
IDD = NULL

for (f in seq(0, 1, 0.05)) {
  idd = NULL
```

接下頁

附錄 A

```r
  for (no in 1:10000) {
    coin = sample(
        c(-1, odds), nbet, prob = c(1 - pwin, pwin), replace = TRUE)
    idd = c(idd, 1 - min(1, cumprod(1 + coin * f)))
  }
  IDD = cbind(IDD, idd)
}

colnames(IDD) = seq(0, 1, 0.05)

boxplot(IDD, col = "pink",
        main = paste0("WinRate ", pwin, "; Odds ", odds,
                        "; Playing ", nbet, " times"),
        xlab = "Bidding fractions", ylab = "Dist. of iDD")
```

圖 4.9　累計資金成長圖：最大回檔

```r
PL = c(100, 110, 98, 80, 110, 125, 100, 85, 95, 120, 130)

x_values = 0:(length(PL) - 1)

plot(x_values, PL, type="o", xlab="# Trading", ylab="Assert",
     main="Cumulative assert", lwd=2, col="blue")

points(
    c(1, 4, 5, 10), c(110, 110, 125, 130), lwd=2, pch=8, col="red")

abline(h=100, col="green", lty=2, lwd=2)
```

圖 4.10 凱利比例的最大比例回檔分佈

```
odds = 2 # 賠率
pwin = 0.5 # 勝率
f = (pwin * (1 + odds) - 1) / odds # 下注比例
nbet = 10 # 賭局次數
Simu = 10000
mDD = NULL

for (s in 1:Simu) {
  coin = sample(c(-1, odds), nbet,
                  prob = c(1 - pwin, pwin), replace = TRUE)
  cap = c(1, cumprod(1 + coin * f))
  dd = (cummax(cap) - cap) / cummax(cap)
  mDD = c(mDD, max(dd))
}

hist(-mDD, nclass = 100, probability = TRUE,
     xlab = "Maximum Draw-Down",
     main = paste0(
         "Play ", nbet, " times; ", "WinRate 50%; ", "Odds", odds))
```

圖 4.11 凱利比例的最大比例回檔分佈（連續密度圖）

```
odds = 2 # 賠率
pwin = 0.5 # 勝率
f = (pwin * (1 + odds) - 1) / odds # 下注比例
nbet = 10 # 賭局次數
Simu = 10000
mDD = NULL
```

接下頁

```
for (s in 1:Simu) {
  coin = sample(
      c(-1, odds), nbet, prob = c(1 - pwin, pwin), replace = TRUE)
  cap = c(1, cumprod(1 + coin * f))
  dd = (cummax(cap) - cap) / cummax(cap)
  mDD = c(mDD, max(dd))
}

plot(density(-mDD), col = "red", lwd = 2, probability = TRUE,
     xlab = "Maximum Draw-Down",
     main = paste0(
         "Play ", nbet, " times; ", "WinRate 50%; ", "Odds", odds))
```

圖 4.12 β 與下注比例的關係

```
rm(list = ls())

odds = 2 # 賠率
nbet = 100 # 賭局次數
pwin = 0.5 # 勝率
alpha = 0.2 # 回檔風險
Simu = 10000 # 模擬次數
LoseProb = NULL

for (f in seq(0.01, 1, 0.01)) {
  Dice = NULL
  for (N in 1:Simu) {
    dice = sample(c(-1, odds), nbet, prob = c(1 - pwin, pwin),
                  replace = TRUE)
```

接下頁

```
    Dice = c(Dice, prod(1 + dice * f))
  }
  LoseProb = c(LoseProb, length(Dice[Dice <= (1 - alpha)]) / Simu)
}

plot(LoseProb, xaxt = "n", type = "l", col = "blue", lwd = 2,
     xlab = "Bidding fraction", ylab = "Beta",
     main = paste0(
         "WinRate ", pwin, "; Odds ", odds, "; Playing ", nbet,
         " times; ", "Prob.{Cap<1-", alpha * 100, "%}"))
axis(1, at = 1:100, labels = seq(0.01, 1, 0.01))
```

圖 4.13　在不同 α 下，β 與下注比例的關係

```
rm(list = ls())
odds = 2 # 賠率
nbet = 30 # 賭局次數
pwin = 0.5 # 勝率
Simu = 5000 # 模擬次數
c = 0
Alpha = seq(0.1, 0.7, 0.05)

par(mfrow = c(1, 1))
for (alpha in Alpha) { # 回檔風險
  MDDProb = NULL
  c = c + 1
  for (f in seq(0.01, 1, 0.01)) {
    MDD = NULL
    for (N in 1:Simu) {
```

接下頁

附錄 A

```
      dice = sample(c(-1, odds), nbet,
                    prob = c(1 - pwin, pwin), replace = TRUE)
      cap = c(1, cumprod(1 + dice * f))
      MDD = c(MDD, max((cummax(cap) - cap) / cummax(cap)))
    }
    MDDProb = c(MDDProb, length(MDD[MDD >= alpha]) / Simu)
  }
  if (c == 1) { # 設定主標題和軸標籤
    plot(MDDProb, xaxt = "n", type = "l", lwd = 2,
         xlab = "Bidding fraction",
         ylab = "Beta=Prob.{MDD>alpha}", ylim = c(0, 1),
         col = rainbow(length(Alpha))[c],
         main = paste0(
             "WinRate ", pwin, ";Odds ", odds, ";Playing ",
             nbet, " times"))
  } else {
    par(new = TRUE)
    plot(MDDProb, xaxt = "n", type = "l", lwd = 2, xlab = "", ylab = "",
         ylim = c(0, 1), axes = FALSE, col = rainbow(length(Alpha))[c])
  }
}

legend("topright", pch = "-", col = rainbow(length(Alpha)),
       legend = paste0("alpha=", Alpha * 100, "%"), cex = 0.8)
axis(1, at = 1:100, labels = seq(0.01, 1, 0.01))
```

圖 4.15	考慮輸的賠率下，下注比例與最大回檔的關係

```r
rm(list = ls())
odds = 0.12 # 賠率
LOdds = -0.1
nbet = 30 # 賭局次數
pwin = 0.5 # 勝率
Simu = 5000 # 模擬次數
c = 0
leverage = 1 / abs(LOdds)
Alpha = seq(0.1, 0.3, 0.1)
F = seq(0, leverage / 6, 0.01)

par(mfrow = c(1, 1))
for (alpha in Alpha) { # 回檔風險
  MDDProb = NULL
  c = c + 1
  for (f in F) {
    MDD = NULL
    for (N in 1:Simu) {
      dice = sample(
          c(LOdds, odds), nbet,
            prob = c(1 - pwin, pwin), replace = TRUE)
      cap = c(1, cumprod(1 + dice * f))
      MDD = c(MDD, max((cummax(cap) - cap) / cummax(cap)))
    }
    MDDProb = c(MDDProb, length(MDD[MDD >= alpha]) / Simu)
  }
  if (c == 1) { # 設定主標題和軸標籤
    plot(MDDProb, xaxt = "n", type = "l", lwd = 2,
```

接下頁

附錄 A

```
            xlab = "Bidding fraction",
            ylab = "Beta=Prob.{MDD>alpha}", ylim = c(0, 1),
            col = rainbow(length(Alpha))[c],
            main = paste0(
                "WinRate ", pwin,
                "; Odds:(", odds, ",", LOdds, "); Playing ",
                nbet, " times"))

    } else {
      par(new = TRUE)
      plot(MDDProb, xaxt = "n", type = "l", lwd = 2,
            xlab = "", ylab = "",
            ylim = c(0, 1), axes = FALSE,
            col = rainbow(length(Alpha))[c])
    }
  }

  legend("bottomright", pch = "-",
          col = rainbow(length(Alpha)), box.lty = 1,
          legend = paste0("alpha=", Alpha * 100, "%"), cex = 0.8)
  axis(1, at = 1:length(F), labels = round(F, 2))
```

第 6 章 程式碼

圖 6.1 | 多重損益賭局下的下注比例報酬

```r
odds = c(-1, 1, 2)
pb = c(1/2, 1/3, 1/6)
nbet = 10

PL = function(f) {
  prod((1 + odds * f) ^ (pb * nbet))
}

fraction_range = seq(0, 1, 0.01)
PL_values = sapply(fraction_range, PL)

OptF = fraction_range[which.max(PL_values)]

plot(fraction_range, PL_values, type = "l", col = "red", lwd = 2,
     xlab = "Bidding fraction", xlim = c(0, 1),
     main = paste0("Opt.F: ", OptF*100, "%"))
axis(1, at = seq(0, 1, 0.1), labels = seq(0, 1, 0.1))
abline(h = 1, col = "green", lty = 2)
abline(v = OptF, col = "blue", lty = 2)
```

圖 6.2 | 多重損益賭局下的下注比例報酬 (以股票為例)

```r
odds = c(-0.1, -0.07, -0.03, -0.01, 0.01, 0.03, 0.07, 0.1)
pb = c(0.03, 0.07, 0.1, 0.2, 0.3, 0.15, 0.1, 0.05)
nbet = 100
PL = NULL
```

接下頁

```
PL = function(f) {
  prod((1 + odds * f) ^ (pb * nbet))
}

PL = as.numeric(lapply(seq(0, 1 / abs(min(odds)), 0.01), PL))

OptF = tail(order(PL) - 1, 1)

plot(PL, type = "l", col = "red", lwd = 2, xaxt = "n",
     xlab = "Bidding fraction",
     main = paste0("Playing ", nbet, " times, Opt.F:", OptF, "%"))

axis(1, seq(0, 1000, 1), seq(0, 1 / abs(min(odds)), 0.01))

abline(h = 1, col = "green", lty = 2)
abline(v = OptF, col = "blue", lty = 2)
```

圖 6.3	2021 年 GOOG 股價圖

```
library(quantmod)

STK = na.omit(get(getSymbols("GOOG")))

STK = STK["2021"]

chartSeries(STK)
```

圖 6.4　漲跌幅與其分佈圖

```
library(quantmod)

STK = na.omit(get(getSymbols("GOOG")))

STK = STK["2021"]

chartSeries(STK)

plot(ClCl(STK), type="h", col = "blue")

hist(ClCl(STK), 20, col="lightblue")
```

圖 6.5　多重損益賭局下的下注比例報酬 (以 GOOG 為例)

```
library(quantmod)

STK = na.omit(get(getSymbols("GOOG")))

STK = STK["2021"]

odds = as.numeric(ClCl(STK)[-1])

pb = rep(1 / length(odds), length(odds))

nbet = 100

PL = NULL
```

接下頁

附錄 A

```
PL = function(f) {
  prod((1 + odds * f) ^ (pb * nbet))
}

PL = as.numeric(lapply(seq(0, 1 / abs(min(odds)), 0.01), PL))

OptF = tail(order(PL) - 1, 1) / 100

plot(PL, type = "l", col = "red", lwd = 2, xaxt = "n",
     xlab = "Bidding fractoin",
     main = paste0("Playing ", nbet, " times, Opt.F:", OptF))

axis(1, seq(0, (1 / abs(min(odds))) / 0.01, 1),
     seq(0, 1 / abs(min(odds)), 0.01))

abline(h = 1, col = "green", lty = 2, lwd = 1)

abline(v = OptF * 100, col = "blue", lty = 2, lwd = 1)
```

圖 6.6　使用 974% 下注的累積報酬 (以 GOOG 為例)

```
library(quantmod)

STK = na.omit(get(getSymbols("GOOG")))

STK = STK["2021"]

odds = as.numeric(ClCl(STK)[-1])

OptF = 9.74

cbind(odds, 1 + OptF * odds)
```

接下頁

```
plot(cumprod(1 + OptF * odds), type = "l", xaxt = "n",
     xlab = "Date", main = c("OptF", OptF), ylab = "Cum. P&L",
     lwd = 2, col = "blue")

abline(h = 1, col = "green", lty = 2, lwd = 1)

axis(1, 1:length(odds), as.character(time(ClCl(STK)[-1])))
```

圖 6.7 不同下注比例的累積報酬 (以 GOOG 為例)

```
library(quantmod)

STK = na.omit(get(getSymbols("GOOG")))

STK = STK["2021"]

odds = as.numeric(ClCl(STK)[-1])

OptF = 9.74

PL = cbind(cumprod(1 + (OptF / 2) * odds),
           cumprod(1 + OptF * odds),
           cumprod(1 + (OptF * 2) * odds))

plot.ts(PL, type = "l", xaxt = "n", xlab = "Date",
        main = paste("Bidding Frac:", OptF / 2, OptF, OptF * 2),
        ylab = "Cum. P&L", lwd = 2, col = "blue")

abline(h = 1, col = "green", lty = 2, lwd = 1)

axis(1, 1:length(odds), as.character(time(ClCl(STK)[-1])))
```

附錄 A

圖 6.8　40 種下注比例的累積報酬 (以 GOOG 為例)

```r
library(quantmod)

STK = na.omit(get(getSymbols("GOOG")))

STK = STK["2021"]

odds = as.numeric(ClCl(STK)[-1])

OptF = 9.74

PL = NULL
for (f in seq(OptF / 10, 2 * OptF, OptF / 10)) {
  PL = cbind(PL, cumprod(1 + f * odds))
}

for (i in 1:ncol(PL)) {
  plot(PL[, i], type = "l", xaxt = "n",
       ylim = range(PL), xlab = "Date",
       ylab = "Cum. P&L", main = "OptF", lwd = 1,
       col = heat.colors(20)[i])
  if (i > 1) par(new = TRUE)
}

abline(h = 1, col = "green", lty = 2, lwd = 1)

axis(1, 1:length(odds), as.character(time(ClCl(STK)[-1])))
```

圖 6.11 分割窗格的後見之明（以 GOOG 為例）

```r
library(quantmod)

stk = "GOOG"
STK = na.omit(get(getSymbols(stk)))
STK = STK["2010::2020"]
# STK = to.weekly(STK)

chartSeries(STK, theme = "white")

clreturn = as.numeric(ClCl(STK)[-1])

m = 50
pb = 1 / m
CRet = 1

for (d in seq(1, length(clreturn), m)) {
  odds = clreturn[d:(d + m - 1)]
  odds = na.omit(odds)
  PL = as.numeric(lapply(seq(0, 1 / abs(min(odds))), 0.01),
                         function(f) { prod((1 + odds * f) ^ pb) }))
  OptF = (tail(order(PL), 1) - 1) / 100
  CRet = c(CRet, tail(CRet, 1) * cumprod(1 + odds * OptF))
}

plot(log(CRet), type = "l", xaxt = "n",
     main = paste0("Kelly Betting on ", stk),
     xlab = "Date", ylab = "Log Cum.Ret.", lwd = 2, col = "blue")

abline(h = 1, col = "green", lty = 2, lwd = 1)

axis(1, 1:length(clreturn), as.character(time(ClCl(STK)[-1])))
```

附錄 A

圖 6.16 滾動窗格預測下一日的損益分佈

```r
library(quantmod)

stk = "GOOG"
STK = na.omit(get(getSymbols(stk)))
STK = STK["2010::2021"]

# STK=to.weekly(STK)
chartSeries(STK, theme = "white")

clreturn = as.numeric(ClCl(STK)[-1])

m = 50
pb = 1/m
OptF = rep(0, m)

for (d in (m + 1):length(clreturn)) {
  odds = clreturn[(d - m):(d - 1)]
  PL = as.numeric(lapply(seq(0, 1 / abs(min(odds)), 0.01),
                         function(f) {
                           prod((1 + odds * f)^pb)
                         }))
  OptF = c(OptF, (tail(order(PL), 1) - 1) / 100)
}

PL = cumprod(1 + (OptF / 100) * clreturn)
cbind(OptF, clreturn, OptF * clreturn, PL)

plot(PL, type = "l", xaxt = "n",
     main = paste0("Predict the next day on ", stk),
     xlab = "Date", ylab = "Cum. Ret.", lwd = 2, col = "blue")

abline(h = 1, col = "green", lty = 2, lwd = 1)
axis(1, 1:length(clreturn), as.character(time(ClCl(STK)[-1])))
```

圖 6.18 滾動窗格預測下一日的損益分佈(加權權重)

```r
library(quantmod)

stk = "GOOG"
STK = na.omit(get(getSymbols(stk)))
STK = STK["2010::2021"]

# STK=to.weekly(STK)
chartSeries(STK, theme = "white")

clreturn = as.numeric(ClCl(STK)[-1])

m = 50
pb = ((1:m)/sum(1:m))
OptF = rep(0, m)

for (d in (m + 1):length(clreturn)) {
  odds = clreturn[(d - m):(d - 1)]
  PL = as.numeric(lapply(seq(0, 1 / abs(min(odds)), 0.01),
                         function(f) {
                           prod((1 + odds * f)^pb)
                         }))
  OptF = c(OptF, (tail(order(PL), 1) - 1) / 100)
}

PL = cumprod(1 + (OptF / 100) * clreturn)
cbind(OptF, clreturn, OptF * clreturn, PL)

plot(PL, type = "l", xaxt = "n",
     main = paste0("Predict the next day on ", stk),
     xlab = "Date", ylab = "Cum. Ret.", lwd = 2, col = "blue")

abline(h = 1, col = "green", lty = 2, lwd = 1)
axis(1, 1:length(clreturn), as.character(time(ClCl(STK)[-1])))
```

第 8 章　程式碼

圖 8.2	同時玩多場賭局的下注比例報酬

```r
rm(list=ls())


pwin = 0.5
b1 = 2 # 贏錢的賠率
b2 = -1 # 輸錢的賠率
Exp = pwin * b1 + (1 - pwin) * b2


nCoin = 2 # 同時玩 nCoin 場賭局
k = 0:nCoin # 贏 k 場輸 nCoin-k 場


GHPR = function(f) {
  prod(((1 + k * f * b1 + (nCoin - k) * f * b2) ^
        (choose(nCoin, k) * (pwin ^ k) * ((1 - pwin) ^
                                          (nCoin - k)))))
}


GHPR = as.numeric(lapply(seq(0, abs(1 / b2) / nCoin, 0.01), GHPR))


OptF = (which(GHPR == max(GHPR)) - 1) / 100


plot(GHPR, type="l", lwd=2, col="red",
     xaxt="n", xlab="Bidding Fraction",
     ylab="Wealth", font=2,
     main=paste0(nCoin, " Game(s), OptF:", OptF * 100,
                 "%, Growth:", round(max(GHPR) * 100 - 100, 2), "%"))
```

接下頁

```
axis(1, at=1:length(seq(0, abs(1 / b2) / nCoin, 0.01)),
     labels=seq(0, abs(1 / b2) / nCoin, 0.01),
     col="black", lwd=2, font=2)

abline(h=1, lty=2, col="green", lwd=2)
abline(v=OptF * 100 + 1, lty=2, col="blue", lwd=2)
```

圖 8.7 總資金使用比例

```
rm(list=ls())

pwin = 0.35
b1 = 0.3 # 贏錢的賠率
b2 = -0.1 # 輸錢的賠率
Exp = pwin * b1 + (1 - pwin) * b2

cap = optf = NULL

for (nCoin in 1:20) {
  k = 0:nCoin # 贏 k 場輸 nCoin-k 場

  GHPR = function(f) {
    prod(((1 + k * f * b1 + (nCoin - k) * f * b2) ^
          (choose(nCoin, k) * (pwin ^ k) * ((1 - pwin) ^
                                            (nCoin - k)))))
  }

  GHPR = as.numeric(
    lapply(seq(0, abs(1 / b2) / nCoin, 0.01), GHPR))
  OptF = (which(GHPR == max(GHPR)) - 1) / 100
```

接下頁

附錄 A

```
  optf = c(optf, OptF)
  cap = c(cap, nCoin * OptF)
}

yR = range(optf, cap)

plot(optf, type="l", ylim=yR, yaxt="n", col="red", lwd=2,
     xlab="# of games playing simultaneously", ylab="")

par(new=TRUE)

plot(cap, type="h", lwd=3, col="blue",
     ylim=yR, xlab="", ylab="Bidding Fraction",
     main=paste0("WinRate:", pwin, ", Loss:", b2, ", Win:", b1))

abline(h=abs(1 / b2), col="blue", lty=2)
```

第 9 章 程式碼

圖 9.1	單場賭局與同時多場賭局的比較

```r
rm(list = ls())

odds = 1 # 賠率
nbet = 12 # 賭局次數
pwin = 0.55

par(mfrow = c(2, 3))

for (x in 1:6) {
  #### One Game Kelly
  dice = sample(c(-1, odds), nbet, prob = c(1 - pwin, pwin),
                replace = TRUE)
  f = (pwin * (1 + odds) - 1) / odds # 下注比例
  PL1 = c(1, cumprod(1 + dice * odds * f))

  ###### multiple games
  dice = NULL
  for (no.game in 1:20) {
    dice = rbind(dice, sample(c(-1, odds), nbet,
                              prob = c(1 - pwin, pwin),
                              replace = TRUE))
  }

  f = ((pwin * (1 + odds) - 1) / odds) / 20 # 下注比例
  PL2 = c(1, cumprod(1 + apply(f * dice, 2, sum)))
  yR = range(PL1, PL2)
```

接下頁

附錄 A

```
    plot(PL1, type = "l", col = "blue", lwd = 2, ylim = yR,
         ylab = "Capital", xlab = "Weeks")
    par(new = T)
    plot(PL2, type = "l", col = "red", lwd = 2, ylim = yR,
         ylab = "Capital", xlab = "Weeks")
    abline(h = 1, lty = 3, col = "green")
}
```

圖 9.3　多場賭局的利潤與風險

```
rm(list = ls())

odds = 1 # 賠率
nbet = 12 # 賭局次數
pwin = 0.55
Simu = 10000
MeanPL = LossPL = sdPL = NULL

###### multiple games bid
for (game.no in 1:50) {
  PL = NULL
  for (simu in 1:Simu) {
    dice = NULL
    for (no.game in 1:game.no) {
      dice = rbind(dice, sample(c(-1, odds), nbet,
                                    prob = c(1 - pwin, pwin),
                                    replace = TRUE))
    }

    f = ((pwin * (1 + odds) - 1) / odds) / (game.no) # 下注比例
    PL = c(PL, prod(1 + apply(f * dice, 2, sum)))
  }
  MeanPL = c(MeanPL, mean(PL))
```

接下頁

```r
  LossPL = c(LossPL, length(PL[PL < 1]) / Simu)
  sdPL = c(sdPL, mean(PL - 1) / sd(PL - 1))
}

MeanPL
LossPL
sdPL

yR = range(MeanPL, sdPL) + c(0, 0.67)

plot(MeanPL, type = "o", col = "red", lwd = 2, ylim = yR,
     xlab = "", font = 2, ylab = "", yaxt = "n")

par(new = TRUE)

plot(sdPL, type = "o", col = "darkgreen", lwd = 2, ylim = yR,
     xlab = paste0("No.Game (Fixed Bidding Upper Bound ",
                   100 * (pwin * (1 + odds) - 1) / odds, "%)"),
                   ylab = "",
     yaxt = "n", main = paste0("WinRate ", pwin, "; Odds ", odds,
                               "; Play ", nbet, " times"))

axis(2, font = 2)

par(new = TRUE)

plot(LossPL, type = "h", lwd = 3, xlab = "",
     ylab = "Mean Retuen & Sharpe Value",
     yaxt = "n", col = "blue")

axis(4, font = 2)
axis(1, font = 2)

legend("topright", pch = 1, col = c("red", "darkgreen", "blue"),
       legend = c("Mean Return", "Sharpe Value", "Loss Prob."))
```

接下頁

圖 9.4　多場賭局：不同下注比例的風險與報酬

```r
rm(list=ls())

odds = 1        # 賠率
nbet = 12       # 賭局次數
pwin=0.55
Simu=100000     # 模擬次數
meanPL=winrate=sdPL=NULL

for (f in c(0.005,0.02,0.03,0.04,0.05)){
  PL=NULL

  for (simu in 1:Simu){
    game.no=20
    dice=NULL

    for (no.game in 1:game.no){
      dice=rbind(
          dice,sample(c(-1,odds),nbet,prob=c(1-pwin,pwin),
                      replace=TRUE))
    }

    PL=c(PL,prod(1+apply(f*dice,2,sum)))

  }
  meanPL=c(meanPL,mean(PL))
  winrate=c(winrate,length(PL[PL<1])/Simu)
  sdPL=c(sdPL,mean(PL-1)/sd(PL-1))

}

cbind(meanPL,winrate,sdPL)
```

數學公式裡的好野人

【資金管理】

凱利法則金剛經